W0348131

verliebt
verstrickt
verheiratet

verliebt verstrickt verheiratet

22 Strickideen für den Mann an Ihrer Seite

JUDITH DURANT

Weltbild

Titel der Originalausgabe
Never knit your man a sweater unless you've got the ring
Zuerst veröffentlicht 2006 in den USA von Storey Publishing,
210 MASS MoCA Way, North Adams, MA 01247

Deutsche Erstausgabe

Copyright © 2007 der deutschen Übersetzung by Verlagsgruppe Weltbild GmbH,
Steinerne Furt, 86167 Augsburg

Text Copyright © 2006 by Judith Durant
Foto Copyright © by Adam Mastoon
Illustrationen © by Alison Kolesar

Übersetzung ins Deutsche: Helene Weinold-Leipold, Altenmünster-Violau
Koordination und Bearbeitung der deutschen Ausgabe:
Helene Weinold-Leipold, Altenmünster-Violau
Satz der deutschen Ausgabe: Undercover, Agentur für Mediendesign, Augsburg
Umschlaggestaltung: Uhlig/www.coverdesign.net
Umschlagmotive: Patrik Giordano/CORBIS, Dvmi/Dreamstime.com (vorne),
Adam Mastoon (hinten)
Gesamtherstellung: Firmengruppe APPL, aprinta druck, Wemding
Printed in the EU

ISBN 978-3-8289-2573-1

Alle Rechte vorbehalten. Dieses Buch darf nur nach vorheriger schriftlicher Zustimmung des Copyright-Inhabers vollständig bzw. teilweise vervielfältigt, in einem Datenerfassungssystem gespeichert oder mit elektronischen bzw. mechanischen Hilfsmitteln, Fotokopierern oder Aufzeichnungsgeräten bzw. anderweitig weiterverbreitet werden.

Einkaufen im Internet: *www.weltbild.de*

Für Philipp,

den einzigen Freund, für den ich je gestrickt habe

Inhalt

67

61

117

101

39

73

43

149

79

Vorwort

GEHÖREN SIE ZU DEN MILLIONEN von Frauen, die erst vor Kurzem zum ersten Mal zu Stricknadeln und Garn gegriffen haben? Willkommen im Club der Abermillionen, die vor Ihnen bereits gestrickt haben! Viele von Ihnen sind jung und cool und vielleicht gerade frisch verliebt. Aber vielleicht sind Sie nicht mehr ganz so jung und cool – und trotzdem frisch verliebt.

Egal, ob jung oder alt, Girlie oder Frau mit Erfahrung, alle Strickerinnen haben denselben natürlichen Instinkt: Sie wollen den Mann ihres Herzens bestricken. Wie könnten Sie Ihrem Liebsten Ihre Zuneigung besser beweisen, als indem Sie in jede Masche eines neuen Pullovers Liebe mit einstricken? Aber behalten Sie einen klaren Kopf: Nicht alle Männer sind die Mühe wert! Bevor Sie also hundert oder mehr Stunden an Ihrem Werk der Liebe nadeln, sollten Sie sich vergewissern, dass es wirklich Liebe ist. Auf dem Pfad der Liebe sind viele Stufen zu erklimmen, und „Verliebt, Verstrickt, Verheiratet" hilft Ihnen, ein passendes Projekt für den jeweiligen Grad der Beziehung zu Ihrem Schatz zu finden.

Wenn Sie sich zum Beispiel gerade erst dreimal mit dem Mann Ihrer Träume getroffen haben, sollten Sie keinesfalls anfangen, einen Pullover für ihn zu stricken. Vielleicht ist der Typ über alle Berge, noch bevor Sie mit dem Bündchen fertig sind. Nein, nach drei Verabredungen sollten Sie überhaupt nichts ins Auge fassen, was nach Maß gestrickt werden muss. Beginnen Sie mit einem Schal. Hier finden Sie drei Modelle: einen einfachen Schal aus rechten und linken Maschen, der wie ein Kunstwerk wirkt, einen glatt rechts gestrickten Streifenschal, der in den Farben „seines" Lieblingsfußballvereins fantastisch wirkt, und einen gemusterten Schal aus einem Kaschmir-Mischgarn, der sich himmlisch anfühlt.

Wenn die Aussicht auf eine länger währende Beziehung besteht, können Sie mit einigen einfachen, formgestrickten Modellen weitermachen. In diesem Buch finden Sie Mützen, Socken und Handschuhe, die schnell fertig sind. Falls sich der Hauptgewinn schließlich doch als Niete herausstellt, haben Sie wenigstens nicht viel Zeit für ihn verschwendet.

Erst wenn Sie sicher sind, den Mann fürs Leben gefunden zu haben, sollten Sie sich an größere Projekte wagen. Und selbst dann empfiehlt sich zunächst eine Weste, denn Ärmel können die Strickarbeit um Wochen verlängern. Wenn Sie dann schon eine ganze Weile mit Ihrem Liebsten gehen, können Sie ihn nach Herzenslust bestricken – etwa mit einem unserer drei Pullover.

Ein paar Worte über Garn und Maschenprobe

Zu den verwendeten Garnen habe ich allgemeine Angaben über Materialzusammensetzung und Lauflänge gemacht, sodass Sie Garne Ihrer Wahl verstricken können. Strukturmuster und farbige Einstrickmuster ergeben meist eine andere Maschenprobe, als auf der Garnbanderole für glatt rechtes Gestrick angegeben. Ich verstricke das Garn meist mit dünneren Nadeln und festerer Maschenprobe, als auf der Banderole ausgewiesen, um den richtigen Griff für ein bestimmtes Projekt zu erzielen. Deshalb habe ich zur tatsächlichen Maschenprobe für das jeweilige Modell bei den Angaben zum Garn die „Banderolen-Maschenprobe" hinzugefügt. Auf diese Weise finden Sie leichter ein passendes Material.

TICKET
TICKET
TICKET

[Erste Annäherung]

Untersetzer

SIE HABEN IHN GETROFFEN UND MÖGEN IHN. Und offenbar mag er Sie auch. Jetzt wollen Sie für ihn stricken. Aus verschiedenen Gründen sollten Sie zunächst vielleicht diese Untersetzer für Ihren neuen Freund stricken. Erstens wird ein Viererset an einem einzigen Nachmittag fertig, und zweitens dürfte er nicht nur von der Tatsache beeindruckt sein, dass Sie stricken, sondern vor allem davon, dass Sie etwas für ihn gestrickt haben. Wenn er sich weder beeindruckt noch geschmeichelt zeigt, haben Sie vom Standpunkt der Strickerin aus eine Niete gezogen, über die Sie noch einmal nachdenken sollten.

GARN

- Je 100 g (= 1 Knl) merzerisiertes Baumwollgarn (LL ca. 170 m/ 100 g; Maschenprobe gemäß Garnbanderole: 20 M und 26 R mit Nd Nr. 4,5 glatt re = 10 x 10 cm) in Taupe (Fb A) und Schwarz (Fb B)
- Die angegebene Garnmenge reicht für ca. 10 Untersetzer.

NADELN

- Stricknadeln Nr. 6
- Wollnadel oder Sticknadel ohne Spitze

GRÖSSE

10 cm x 10 cm

MASCHENPROBE

16 Maschen kraus re gestrickt = 10 cm breit

Hinweis: Das Garn wird durchweg zweifädig verstrickt.

Strick-muster

Kraus rechts

In Hin- und Rückreihen alle Maschen rechts stricken.

Anleitung

Einfarbige Untersetzer

Stricken Sie je einen einfarbigen Untersetzer in Taupe (Fb A) und Schwarz (Fb B), einen mit Karos in Fb A und B sowie einen, bei dem Sie je einen Faden in Fb A und B zusammennehmen.

MASCHENANSCHLAG Mit 2 Fäden zusammen 16 M anschl.

Kraus re str bis zu einer Gesamthöhe von 10 cm. Alle M abk.
Die Fadenenden mit der Wollnadel vernähen.

Farbwechsel

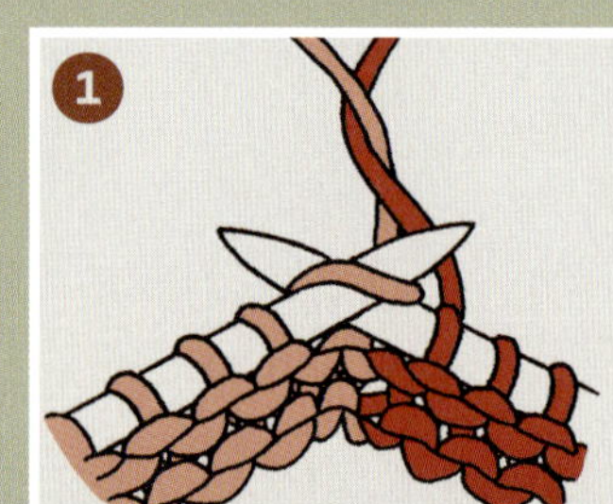

Beim Farbwechsel müssen Sie den alten und den neuen Faden auf der Rückseite der Arbeit verkreuzen, damit keine hässlichen Löcher entstehen. Bei kraus rechtem Gestrick ist das nicht ganz einfach. In Hinreihen legen Sie den neuen Faden (hell) erst unter und dann über den alten Faden (dunkel) und stricken die nächste Masche anschließend (Abb. 1).

In Rückreihen legen Sie den alten Faden (hell) nach vorne, führen den neuen Faden (dunkel) über den alten und auf die Rückseite der Arbeit. Dann stricken Sie die nächste Masche (Abb. 2).

Untersetzer mit Karos

MASCHENANSCHLAG Mit 2 Fäden in Fb A 8 M anschl. Dann mit 2 Fäden in Fb B 8 M anschl. Weiterstr wie folgt, dabei beim Farbwechsel jeweils die Fäden verkreuzen, damit keine Löcher entstehen (siehe „Farbwechsel", Seite 14):

1. REIHE 8 M re in Fb B, 8 M re in Fb A.

2. REIHE 8 M re in Fb A, 8 M re in Fb B.

Die 1. und 2. R stets wdh bis zu einer Gesamthöhe von 5 cm; mit einer 2. R enden. Den Faden 15 cm hinter der letzten M abschneiden.

3. REIHE In der 1. R die neuen Fäden anschlingen; 8 M re in Fb A, 8 M re in Fb B.

4. REIHE 8 M re in Fb B, 8 M re in Fb A.

Die 3. und 4. R stets wdh bis zu einer Gesamthöhe von 10 cm.

Alle M in der jeweiligen Fb abk. Die Fadenenden mit der Wollnadel vernähen.

Doppelt gemoppelt

Wenn Sie mit Knäueln stricken, bei denen Sie den Faden aus dem Inneren ziehen können, ist das Stricken mit zwei Fäden besonders einfach: Nehmen Sie den Faden einfach von außen und von innen zugleich. Lässt sich der Faden nur von außen abstricken, wickeln Sie den halben Knäuel ab und arbeiten mit zwei einzelnen Knäueln.

[Erster Kuss im Kino] Schal

NACH EIN PAAR ERFOLGREICHEN, ABER HARMLOSEN TREFFEN mit Ihrem neuen Freund ist dieser Schal das richtige Strickprojekt. Er sieht fantastisch aus, und wer nicht genau Bescheid weiß, wird Sie geradezu für eine Strickexpertin halten.

Zeit müssen Sie natürlich wie bei jeder Strickarbeit investieren, aber ansonsten nimmt Ihnen das Multicolorgarn eine Menge Arbeit ab. Suchen Sie nach einem – möglicherweise handgefärbten – Garn mit fein abgestuften Farbschattierungen. Das Schachbrettmuster aus rechten und linken Maschen beherrschen Sie bald auswendig, und mit verhältnismäßig dicken Nadeln wächst Ihr Schal zügig.

GARN
200 g (= 2 Knl) Multicolorgarn (100 % Wolle; LL ca. 160 m/100 g; Maschenprobe gemäß Garnbanderole: 10 M und 12 R mit Nd Nr. 5–5,5 glatt re = 10 x 10 cm)

NADELN
- Stricknadeln Nr. 5–5,5
- Wollnadel oder Sticknadel ohne Spitze

GRÖSSE
Ca. 23 x 157 cm

MASCHENPROBE
16 M im Schachbrettmuster gestrickt = 10 cm breit

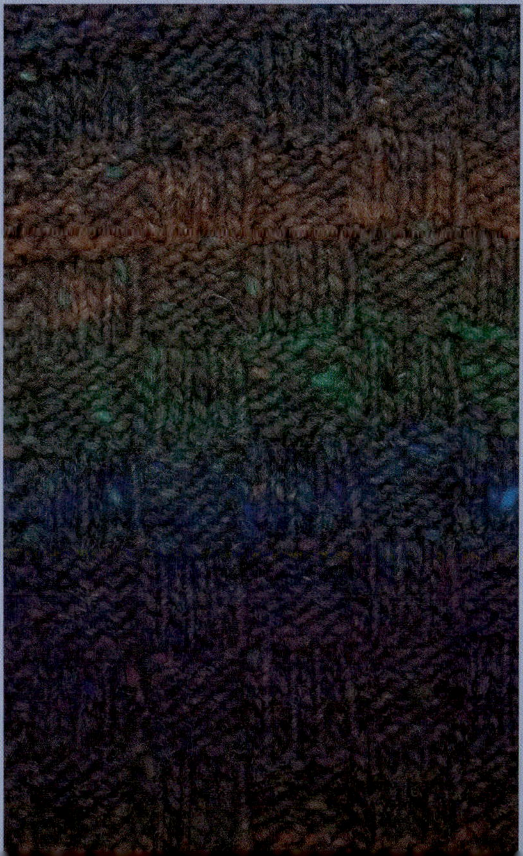

Anleitung

HINWEIS Die ersten und letzten 6 Reihen sowie die ersten und letzten 4 M jeder Nadel werden kraus re gestrickt.

MASCHENANSCHLAG 36 M anschl.

1.–6. REIHE Re M str.

7. REIHE 4 M re, die 1. R des Schachbrettmusters str bis zu den letzten 4 M, 4 M re.

8. REIHE 4 M re, die 2. R des Schachbrettmusters str bis zu den letzten 4 M, 4 M re.

NÄCHSTE REIHEN Im Schachbrettmuster weiterstr, dabei jeweils die ersten und letzten 4 M jeder R kraus re str (= in jeder R re str), bis zu einer Gesamthöhe von ca. 155 cm; mit einer 6. oder 12. R des Schachbrettmusters enden.

NÄCHSTE 6 REIHEN Re M str.

Alle M locker abk. Die Fadenenden mit einer Wollnadel vernähen. Den Schal waschen, feucht spannen und trocknen lassen.

Strick-muster

Schachbrettmuster

M-Zahl teilbar durch 8 + 4 Maschen.

1. REIHE * 4 M re, 4 M li; ab * fortlfd wdh, enden mit 4 M re.

2. REIHE * 4 M li, 4 M re; ab * fortlfd wdh, enden mit 4 M li.

3. UND 5. REIHE Wie die 1. R str.

4. UND 6. REIHE Wie die 2. R str.

7. REIHE * 4 M li, 4 M re; ab * fortlfd wdh, enden mit 4 M li.

8. REIHE * 4 M re, 4 M li; ab * fortlfd wdh, enden mit 4 M re.

9. UND 11. REIHE Wie die 7. R str.

10. UND 12. REIHE Wie die 8. R str.

Die 1.–12. R stets wdh.

Einfach musterhaft!

Bei einem einfachen Schal wie diesem können Sie mit verschiedenen Strickmustern experimentieren. Sie sollten jedoch am Beginn und am Ende sowie an den Seiten einige Reihen bzw. Maschen kraus rechts stricken, damit der Schal flach liegt und saubere Kanten bekommt.

[Einladung zum Essen]

Streifenschal

INZWISCHEN HABEN SIE DIESEN MANN EIN PAAR MAL GETROFFEN – und jetzt lädt er Sie in ein schickes Restaurant ein. Sicher wissen Sie längst, ob er ein Sportfan ist oder nicht. Wenn ja, können Sie diesen Schal in den Farben seines Lieblingsvereins stricken. (Die hier abgebildete Kombination bietet sich beispielsweise für Bayern-München-Fans an.) Sie können aber auch ganz einfach seine Lieblingsfarben wählen. Dieses Projekt strickt sich nicht gerade im Handumdrehen, erfordert aber ein Minimum an Konzentration, sodass Sie bei der Arbeit Ihren Gedanken nachhängen können.

Der Schal wird glatt rechts der Länge nach auf einer langen Rundnadel gestrickt. Deshalb brauchen Sie ein Weilchen, um vom Reihenbeginn zum -ende zu gelangen, aber dafür müssen Sie innerhalb einer Reihe nur entweder rechte oder linke Maschen stricken. Fangen Sie mit dem provisorischen Maschenanschlag an (siehe Seite 176) und verbinden Sie Anfang und Ende durch das Abketten mit drei Nadeln (siehe Seite 177).

GARN

Wollgarn (100 % Schurwolle; LL ca. 170 m/50 g; Maschenprobe gemäß Garnbanderole: 24 M mit Nd Nr. 3,5–4 glatt re gestrickt = 10 cm breit) in folgenden Mengen und Farben: 200 g in Blau (Fb A), 100 g in Rot (Fb B), 50 g in Wollweiß (Fb C)

NADELN UND ZUBEHÖR

- 2 Rundstricknadeln Nr. 3,5–4; 80 cm lang
- 1 Stricknadel Nr. 3,5–4 zum Abketten
- Wollnadel oder Sticknadel ohne Spitze
- Häkelnadel
- Garnrest als Hilfsfaden
- Markierungsringe

GRÖSSE

Ca. 20 x 178 cm

MASCHENPROBE

24 M glatt re gestrickt = 10 cm breit

Strickmuster

Glatt rechts

1. REIHE (HIN-R) Re M str.

2. REIHE (RÜCK-R) Li M str.

Die 1. und 2. R stets wdh.

Anleitung

MASCHENANSCHLAG Mit Hilfsgarn nach der Methode für den provisorischen Anschlag (siehe Seite 176) 420 M anschl. (Wenn Sie alle 40 M einen Markierungsring einhängen, fällt Ihnen das Zählen der Maschen leichter.) Mit Fb A glatt re str bis zu einer Gesamthöhe von 6,5 cm; mit einer Hin-R enden.

NÄCHSTE REIHE (RÜCK-R) Re M str (= Krausrippe für die Umbruchkante).

NÄCHSTE REIHEN Mit einer Hin-R beginnend weitere 6,5 cm glatt re str; mit einer Rück-R enden.

HINWEIS Bei der ersten Hälfte des Schals wechseln die Farben jeweils am Beginn einer Hin-R. Lassen Sie die Fadenenden jeweils 30 cm lang hängen; sie werden später zum Zusammennähen der Schmalseiten verwendet.

NÄCHSTE REIHEN Zu Fb B wechseln und 3 cm glatt re str; mit einer Rück-R enden.

NÄCHSTE 4 REIHEN Zu Fb C wechseln und 4 R glatt re str.

NÄCHSTE REIHEN Zu Fb B wechseln und 3 cm glatt re str; mit einer Rück-R enden.

NÄCHSTE REIHEN Zu Fb A wechseln und 6,5 cm glatt re str; mit einer Hin-R enden.

NÄCHSTE REIHE (RÜCK-R) Re M str (= Krausrippe für die Umbruchkante).

NÄCHSTE REIHEN Mit einer Hin-R beginnend weitere 6,5 cm glatt re str; mit einer Hin-R enden.

HINWEIS Bei der zweiten Hälfte des Schals wechseln die Farben jeweils am Beginn einer Rück-R. Auf diese Weise hängen an beiden Schmalseiten Fadenenden zum Zusammennähen.

NÄCHSTE REIHEN Zu Fb B wechseln und 3 cm glatt re str; mit einer Hin-R enden.

NÄCHSTE 4 REIHEN Zu Fb C wechseln und 4 R glatt re str.

NÄCHSTE REIHEN Zu Fb B wechseln und 3 cm glatt re str; mit einer Hin-R enden.

Fertigstellung

Die mit dem Hilfsfaden gestrickte Anschlagreihe auftrennen und die M auf eine Nd auffassen. Von der rechten Seite der Arbeit (Fb B weist zu Ihnen) die M mit 3 Nd abketten (siehe Seite 177).

Die Schmalseiten des Schals mithilfe der Fadenenden unsichtbar zusammennähen. Die Fadenenden mit der Wollnadel vernähen. Den Schal nötigenfalls waschen und feucht spannen oder spannen und anfeuchten, dann vollständig trocknen lassen.

[Er kocht für mich - und es schmeckt sogar!]

Rhombenschal

ALLMÄHLICH WIRD DIE SACHE HEISSER – am Herd ebenso wie zwischen Ihnen. Er hat Sie zum Essen zu sich nach Hause eingeladen, und sein Menü war nicht nur essbar, sondern geradezu köstlich. Wenn Ihr Favorit in Sachen Kochkenntnisse punktet, können Sie im Gegenzug Geld und Mühe in diesen luxuriösen Schal investieren, der ausgezeichnet zum Mantel passt, sich aber auch ganz nach Belieben kombinieren lässt.

Der abgebildete Schal ist aus einem extraweichen Merino-Kaschmir-Garn gestrickt. Das Muster sieht von beiden Seiten gleich aus, sodass es egal ist, welche Seite außen liegt. Es neigt von Natur aus dazu, Falten zu werfen, deshalb fällt der Schal sehr elegant. Die Ränder sind im Perlmuster gestrickt, das sich etwas stärker zusammenzieht als das Rhombenmuster, doch das lässt sich beim Spannen ausgleichen.

GARN

200 g Merino-Kaschmir-Garn (78 % Merino extrafein, 22 % Kaschmir; LL ca. 125 m/50 g; Maschenprobe gemäß Garnbanderole: 20 M und 26 R mit Nd Nr. 4,5–5 glatt re gestrickt = 10 x 10 cm) in Burgunderrot

NADELN

- Stricknadeln Nr. 3,5–4
- Wollnadel oder Sticknadel ohne Spitze

GRÖSSE

Ca. 30,5 x 117 cm

MASCHENPROBE

22 M im Perlmuster gestrickt = 10 cm breit

Strick-
muster

Doppelseitiges Rhombenmuster

M-Zahl teilbar durch 15.

1. REIHE (HIN-R) * 1 M re, 13 M li, 1 M re; ab * fortlfd wdh bis R-Ende.

2. REIHE * 2 M li, 11 M re, 2 M li; ab * fortlfd wdh bis R-Ende.

3. REIHE * 3 M re, 9 M li, 3 M re; ab * fortlfd wdh bis R-Ende.

4. REIHE * 4 M li, 7 M re, 4 M li; ab * fortlfd wdh bis R-Ende.

5. REIHE * 5 M re, 5 M li, 5 M re; ab * fortlfd wdh bis R-Ende.

6. REIHE * 6 M li, 3 M re, 6 M li; ab * fortlfd wdh bis R-Ende.

7. REIHE * 7 M re, 1 M li, 7 M re; ab * fortlfd wdh bis R-Ende.

8. REIHE Wie die 6. R str.

9. REIHE Wie die 5. R str.

10. REIHE Wie die 4. R str.

11. REIHE Wie die 3. R str.

12. REIHE Wie die 2. R str.

Die 1.–12. R stets wdh.

Strick-
muster

Perlmuster

M-Zahl teilbar durch 2.

1. REIHE * 1 M re, 1 M li; ab * fortlfd wdh bis R-Ende.

2. REIHE * 1 M li, 1 M re; ab * fortlfd wdh bis R-Ende.

Die 1. und 2. R stets wdh.

Anleitung

MASCHENANSCHLAG 72 M anschl.

1.–8. REIHE Im Perlmuster str.

9.–20. REIHE Die ersten 6 M im Perlmuster, die mittleren 60 M im doppelseitigen Rhombenmuster und die letzten 6 M im Perlmuster str.

NÄCHSTE REIHEN Im eingeteilten Muster weiterstr bis zu einer Gesamthöhe von 114 cm, dabei jeweils die ersten und letzten 6 M jeder R im Perlmuster und die mittleren 60 M im doppelseitigen Rhombenmuster str; mit einer 1. oder 7. Muster-R enden.

Fertigstellung

Alle M abk. Die Fadenenden mit der Wollnadel vernähen. Den Schal spannen, anfeuchten und trocknen lassen.

[Beste Aussichten]

Notebook-Tasche

IHRE BEZIEHUNG STECKT IMMER NOCH IN DEN ANFÄNGEN, aber Sie haben es satt, immer nur Schals zu stricken? Hier ist ein Geschenk, das der Mann Ihres Herzens mitnehmen und seinen Freunden und Kollegen präsentieren kann.

Das mit extrafeiner, elastischer Merinowolle gestrickte Hebemaschenmuster ergibt ein dickes Gestrick, das fast wie Noppenfolie wirkt. In der Tasche mit dekorativem Knopf kann man das Notebook in den Rucksack stecken, ohne Kratzer oder andere Schäden befürchten zu müssen. Wenn Sie genügend Zeit haben, können Sie ein passendes Mini-Täschchen für das Netzteil anfertigen

GARN

250 g (Notebook-Tasche) bzw. 50 g (Netzteil-Tasche) Merinogarn (100 % extrafeine Merinowolle; LL ca. 90 m/50 g; Maschenprobe gemäß Garnbanderole: 18 M und 26 R mit Nd Nr. 4,5–5 glatt re gestrickt = 10 x 10 cm) in Dunkelgrau

NADELN UND ZUBEHÖR

- Stricknadeln Nr. 8
- Wollnadel oder Sticknadel ohne Spitze
- 1 Knopf, 2,5 cm Ø (Notebook-Tasche) bzw. 1,25 cm Ø (Netzteil-Tasche)
- Nähnadel
- Nähgarn, farblich passend

GRÖSSE

23 x 32,5 cm (passt leicht gedehnt auf ein 38 cm breites Notebook)

MASCHENPROBE

16 M im Hebemaschenmuster = 10 cm breit
Hinweis: Das Garn wird durchweg doppelt verstrickt.

ABKÜRZUNGEN

- 2 M re verschr zus-str = 2 M nacheinander einzeln abh und re verschr zus-str.
- Fh = Faden hinter der Arbeit: Den Faden auf der Arbeitsrückseite mitführen, sodass er auf der Vorderseite nicht sichtbar ist.
- Fv = Faden vor der Arbeit: In Rückreihen den Faden vor die Arbeit mitführen, sodass er auf der Vorderseite nicht sichtbar ist.

Strick-
muster

Hebemaschenmuster

M-Zahl teilbar durch 4 + 3 M.

1. REIHE (HIN-R) * 3 M re, 1 M abh (Fh); ab * fortlfd wdh, enden mit 3 M re.

2. REIHE * 3 M re, 1 M abh (Fv); ab * fortlfd wdh, enden mit 3 M re.

3. REIHE 1 M re, * 1 M abh (Fh), 3 M re; ab * fortlfd wdh bis zu den letzten 2 M, enden mit 1 M abh (Fh), 1 M re.

4. REIHE 1 M re, * 1 M abh (Fv), 3 M re; ab * fortlfd wdh bis zu den letzten 2 M, enden mit 1 M abh (Fv), 1 M re.

Die 1.–4. R stets wdh.

Anleitung für die Notebook-Tasche

MASCHENANSCHLAG 51 M anschl.

1.–4. Reihe Die 1.–4. R des Hebemaschenmusters str.

NÄCHSTE REIHEN Im eingeteilten Muster weiterstr bis zu einer Gesamthöhe von 53,5 cm.

Abnahmen für die Klappe

1. REIHE 2 M re verschr zus-str, im eingeteilten Hebemaschenmuster str bis zu den letzten 2 M, 2 M re zus-str (=> 2 M abgenommen).

2.–18. REIHE Wie die 1. R str (= 15 M).

Knopfloch

1. REIHE 2 M re verschr zus-str, 4 M im Hebemaschenmuster, die mittleren 3 M für das Knopfloch abk, 4 M im Hebemaschenmuster, 2 M re zus-str.

2. REIHE 2 M re verschr zus-str, 3 M im Hebemaschenmuster, über den abgeketteten M der Vor-R 3 M neu anschl, 3 M im Hebemaschenmuster, 2 M re zus-str (= 11 M).

NÄCHSTE REIHEN Im eingeteilten Muster mit Abn weiterstr, bis nur noch 3 M übrig sind. Alle M abk.

Fertigstellung

Mit der rechten Seite der Arbeit nach außen die unteren 23 cm des Strickteils nach oben falten und die Seitennähte schließen. Damit die oberen Ecken des Notebooks geschützt sind, die Oberkante des Vorderteils (= Anschlagkante) beidseitig auf einer Länge von 2,5 cm an die Rückseite nähen.

Die Fadenenden mit der Wollnadel vernähen. Das Knopfloch mit einem einfachen Faden in der Wollnadel und Knopflochstichen einfassen (siehe Seite 179). Die Verschlussklappe nach unten falten und mit Nähgarn und -nadel den Knopf passend zum Knopfloch auf die Vorderseite der Tasche nähen.

Anleitung für die Netzteil-Tasche

MASCHENANSCHLAG 19 M anschl.

1.–4. REIHE Die 1.–4. R des Hebemaschenmusters str.

NÄCHSTE REIHEN Im eingeteilten Muster str bis zu einer Gesamthöhe von 20,5 cm.

Die Abn arb, wie bei der Notebook-Tasche beschrieben, bis noch 9 M übrig sind.

Knopfloch

1. REIHE 2 M re verschr zus-str, 2 M im Hebemaschenmuster, 1 M für das Knopfloch abk, 2 M im Hebemaschenmuster, 2 M re zus-str.

2. REIHE 2 M re verschr zus-str, 1 M im Hebemaschenmuster, über der abgeketteten M 1 M neu anschl, 1 M im Hebemaschenmuster, 2 M re zus-str (= 5 M).

NÄCHSTE REIHEN Noch 1 Abn-R arb (= 3 M). Alle M abk.

Fertigstellung

Mit der rechten Seite der Arbeit nach außen die unteren 9 cm nach oben falten und die Seitennähte schließen. Damit der Inhalt in dem Täschchen bleibt, die Oberkante des Vorderteils (= Anschlagkante) beidseitig auf einer Länge von 1–1,5 cm an die Rückseite nähen. Die Fadenenden mit der Wollnadel vernähen. Das Knopfloch umstechen (siehe Notebook-Tasche). Den Knopf mit Nähgarn und -nadel annähen.

[Musik für seine Ohren] iPod-Hülle

HIER SEHEN SIE NOCH EIN ACCESSOIRE, das Sie für Ihren Liebsten stricken können. Die witzige Hülle schützt seinen MP3-Player vor Kratzern, wenn er im Rucksack oder in der Jackentasche herumgetragen wird. Obwohl die Hülle aus feinem Baumwollgarn mit dünnen Nadeln gestrickt wird, erfordert sie nicht übermäßig viel Zeit, weil sie sehr klein ist.

Die Hülle wird in einem hoch elastischen Rippenmuster (2 Maschen rechts, 2 Maschen links) gestrickt und passt sich verschiedenen Playergrößen an. Dennoch finden Sie hier die Anleitung für den iPod Nano und für das kleinere Modell Shuffle.

GARN

Je 50 g merzerisiertes Baumwollgarn Nr. 10 (100 % Baumwolle; LL ca. 280 m/50 g) in Burgunderrot und Schwarz

Hinweis: Wenn Sie die Hülle einfarbig stricken, reicht 1 Knäuel.

NADELN UND ZUBEHÖR

- Nadelspiel Nr. 2
- Wollnadel oder Sticknadel ohne Spitze
- Markierungsringe

GRÖSSE

3 x 11 cm (größere Hülle, „Nano“) bzw. 2,5 x 9,5 cm (kleinere Hülle, „Shuffle“), jeweils ungedehnt gemessen

MASCHENPROBE

72 M im Rippenmuster, ungedehnt = 10 cm breit

Strickmuster

Rippenmuster

M-Zahl teilbar durch 4; in Runden gearbeitet.

1. RUNDE * 2 M re, 2 M li; ab * fortlfd wdh bis Rd-Ende.

Diese Rd stets wdh.

Anleitung

Die Angaben für die größere Version („Nano“) stehen vor dem Schrägstrich, die für die kleinere Version („Shuffle“) dahinter. Steht nur eine Angabe, so gilt sie für beide Modelle.

MASCHENANSCHLAG Mit Fb A/Fb B 48/36 M anschl.

Die M gleichmäßig auf 4 Nd verteilen (= 12/9 M pro Nd).

Die Arbeit zur Rd schließen (siehe Seite 37). Achtung! Die M nicht verdrehen!

NÄCHSTE RUNDEN Im Rippenmuster (2 M re, 2 M li im Wechsel) str bis zu einer Gesamthöhe von 2 cm. Zu Fb B/Fb A wechseln.

NÄCHSTE RUNDEN Im Rippenmuster weiterstr bis zu einer Gesamthöhe von 11/9,5 cm.

Alle M abk.

Fertigstellung

Die Strickarbeit flach hinlegen und die Naht entlang der Abkettkante schließen. Die Fadenenden mit der Wollnadel vernähen.

[Jetzt gibt's was auf die Ohren]

KLASSISCHE Mütze

WENN IHRE BEZIEHUNG DIE NÄCHSTE STUFE ERREICHT HAT und Sie bereit sind, das auch mit einem etwas komplizierteren Strickprojekt zu dokumentieren, ist diese klassische Mütze genau das Richtige. Sie ist so schlicht wie nur irgend möglich und wird in einem Tag fertig, wenn Sie zügig stricken.

Aus einem Wollgarn mittlerer Stärke im einfachsten aller Rippenmuster gearbeitet, ist die Mütze so elastisch, dass die Einheitsgröße wirklich auf jeden Kopf passen sollte. Falls Ihr Freund einen außergewöhnlich großen Kopf hat, geben Sie acht Maschen zu.

GARN

100 g Merinowollgarn (100 % Merinowolle; LL ca. 200 m/100 g; Maschenprobe gemäß Garnbanderole: 20 M mit Nd Nr. 4,5 = 10 cm breit) in Steingrau meliert

NADELN

- Nadelspiel Nr. 4,5
- *Hinweis:* Bis zu den Abnahmerunden können Sie auch eine 40 cm lange Rundstricknadel Nr. 4,5 verwenden.
- Wollnadel oder Sticknadel ohne Spitze

GRÖSSE

- Einheitsgröße
- Umfang ungedehnt ca. 43 cm, dehnbar bis zu 61 cm
- Höhe ca. 26,5 cm vor dem Umschlagen der Krempe

MASCHENPROBE

6 M im Rippenmuster, ungedehnt = 10 cm

ABKÜRZUNGEN

2 M re verschr zus-str = 2 M nacheinander einzeln abh und re verschr zus-str

Rippenmuster

Strickmuster

1. RUNDE 1 M re, 1 M li; ab * fortlfd wdh bis Rd-Ende.

Diese Rd stets wdh.

Anleitung

MASCHENANSCHLAG 112 M anschl und auf 4 Nd verteilen (= 28 M je Nd). Die Arbeit zur Rd schließen (siehe Seite 37), ohne die M zu verdrehen.

Im Rippenmuster str bis zu einer Gesamthöhe von 20,5 cm.

Abnahmen

1. RUNDE * 2 M re verschr zus-str, im Rippenmuster str bis zu den letzten 2 M der Nd, 2 M re zus-str; ab * fortlfd wdh bis Rd-Ende (= 8 M abgenommen).

2. RUNDE * 1 M re, im Rippenmuster str bis zur letzten M der Nd, 1 M re; ab * fortlfd wdh bis Rd-Ende.

3.–14. RUNDE Die 1. und 2. Rd noch 6 x wdh (= 56 M insgesamt bzw. 14 M pro Nd).

15.–17. RUNDE Die 1. Rd in jeder Rd wdh (= 32 M insgesamt bzw. 8 M pro Nd).

18. RUNDE * 2 x 2 M re verschr zus-str, 2 x 2 M re zus-str; ab * fortlfd wdh bis Rd-Ende (= 17 M insgesamt bzw. 4 M pro Nd).

19. RUNDE * 2 M re verschr zus-str, 2 M re zus-str; ab * fortlfd wdh bis Rd-Ende (= 8 M insgesamt bzw. 2 M pro Nd).

Fertigstellung

Den Arbeitsfaden 25 cm hinter der letzten M abschneiden. Das Fadenende in eine Wollnadel einfädeln und 2 x durch alle verbleibenden M führen. Den Faden fest anziehen und im Inneren der Mütze vernähen.

Arbeit zur Runde schließen

Wenn es Ihnen nicht gelingt, beim Schließen der Runde eine feste Verbindung zwischen Anfang und Ende herzustellen, lassen Sie doch einmal die erste und die letzte Anschlagmasche die Plätze tauschen: Heben Sie die zuletzt angeschlagene Masche von der 4. auf die 1. Nadel und die erste Anschlagmasche von der 1. auf die 4. Nadel.

[Er ist sooo süß ...]

MODISCHE Ringelmütze

SOLCHE MÜTZEN SIND ABSOLUT ANGESAGT, und wenn Ihr neuer Freund Sinn für Mode hat, wird er dieses Modell begeistert tragen. Die Mütze wird in topmodischen Farben und ohne Umschlag gestrickt, und das Beste daran ist: Sie ist ganz einfach nachzuarbeiten, sodass Sie sich getrost schon am Beginn Ihrer Beziehung daran versuchen können.

Um in Runden kraus rechts zu stricken, müssen Sie eine Runde rechte und eine Runde linke Maschen im Wechsel arbeiten. Die Abnahmen am Oberkopf ergeben ein reizvolles Wirbelmuster.

GARN

Je 1 Strang Mischgarn (55 % Alpaka, 23 % Seide, 22 % Wolle; LL ca. 100 m/50 g; Maschenprobe gemäß Garnbanderole: 19 M mit Nd Nr. 4,5 glatt re = 10 cm breit) in Waldgrün (Fb A), Marineblau (Fb B) und Lila (Fb C)

NADELN

- Nadelspiel Nr. 4,5
  Hinweis: Bis zu den Abnahmerunden können Sie auch eine 40 cm lange Rundstricknadel Nr. 4,5 verwenden.
- Wollnadel oder Sticknadel ohne Spitze

GRÖSSE

- Einheitsgröße
- Umfang ungedehnt ca. 51 cm, dehnbar bis zu 63,5 cm
- Höhe ca. 20,5 cm

MASCHENPROBE

21 M mit Nd Nr. 4,5 kraus re gestrickt = 10 cm breit

Strick-
muster

Kraus rechts

1. RUNDE Re M str bis Rd-Ende.

2. RUNDE Li M str bis Rd-Ende.

Die 1. und 2. Rd stets wdh.

Anleitung

MASCHENANSCHLAG Mit Fb A 104 M anschl und auf 4 Nd verteilen (= 26 M pro Nd). Die Arbeit zur Rd schließen (siehe Seite 37). Achtung! Die Fb jeweils vor einer 1. Rd des kraus re Musters (= re gestrickte Rd) wechseln!

NÄCHSTE RUNDEN 3 cm in Fb A kraus re str.

NÄCHSTE RUNDEN 3 cm in Fb B kraus re str.

NÄCHSTE RUNDEN 3 cm in Fb C kraus re str.

NÄCHSTE RUNDEN 3 cm in Fb A kraus re str.

Abnahmen

VORBEREITUNG Zu Fb B wechseln. Achtung! Abnahmen stets in re gestrickten Rd (Re-M-Rd) arb.

1. RUNDE (RE-M-RD) * 2 M re zus-str, 11 M re; ab * fortlfd wdh bis Rd-Ende (=> 8 M insgesamt bzw. 2 M pro Nd abgenommen).

2. RUNDE UND ALLE WEITEREN GERADEN RUNDEN Li M str.

3. RUNDE * 2 M re zus-str, 10 M re; ab * fortlfd wdh bis Rd-Ende.

5. RUNDE * 2 M re zus-str, 9 M re; ab * fortlfd wdh bis Rd-Ende.

7.–24. RUNDE Auf diese Weise kraus re mit Abn weiterstr, dabei zwischen den Abn in jeder folgenden ungeraden Rd (R-M-Rd) 1 M re weniger str und alle geraden Rd li str. Nach 3 cm in Fb B zu Fb C wechseln. Es bleiben zuletzt 8 M (= 2 M pro Nd) übrig.

Fertigstellung

Den Arbeitsfaden 25 cm hinter der letzten M abschneiden. Das Fadenende in die Wollnadel einfädeln und 2 x durch die verbleibenden M führen. Den Faden fest anziehen, um das Loch an der Oberseite der Mütze zu schließen, und im Inneren der Mütze vernähen.

[Die Qual der Wahl]

Stirnband MIT RHOMBEN

BEI DIESEM SCHNELLEN UND REIZVOLLEN PROJEKT haben Sie die Wahl zwischen zwei Möglichkeiten. Ist Ihr Freund ein Mann wie ein Schrank? Dann stricken Sie das Stirnband aus Wollgarn in Dunkelgrau und Weiß und füttern es mit Kunstfaser-Fleece, damit es nicht kratzt. Wenn Ihr Liebster eher zierlich ist, arbeiten Sie es aus extrafeinem Merinogarn in Schwarz und Grau.

GARN

- **VERSION 1:**
  Je 50 g Wollgarn (100 % Schurwolle; LL ca. 100 m/50 g; Maschenprobe gemäß Garnbanderole: 17 M mit Nd Nr. 5 glatt re = 10 cm breit) in Anthrazit (Fb A) und Weiß (Fb B)
- **VERSION 2:**
  Je 50 g Merinogarn (100 % Merinowolle; LL ca. 125 m/50 g; Maschenprobe gemäß Garnbanderole: 22 M mit Nd Nr. 3,5–4 glatt re = 10 cm breit) in Schwarz (Fb A) und Grau (Fb B)

NADELN

- **VERSION 1:**
  Je 1 Rundstricknadel Nr. 4,5 und 5 (40 cm lang)
- **VERSION 2:**
  Je 1 Rundstricknadel Nr. 3,75 und 4 (40 cm lang)
- **BEIDE VERSIONEN:**
  Wollnadel oder Sticknadel ohne Spitze

AUSSERDEM

- **VERSION 1:**
  56 x 6,5 cm Kunstfaser-Fleece
  Nähnadel und farblich passendes Nähgarn
  Stecknadeln

GRÖSSE

- **VERSION 1:**
  Umfang ungedehnt ca. 53,5 cm, dehnbar bis zu 59,5 cm
  Höhe ca. 8,5 cm
- **VERSION 2:**
  Umfang ungedehnt ca. 45,5 cm, dehnbar bis zu 58,5 cm
  Höhe ca. 7,5 cm

MASCHENPROBE

- **VERSION 1:**
  17 M im Jacquardmuster gestrickt = 10 cm breit
- **VERSION 2:**
  29 M im Jacquardmuster gestrickt = 10 cm breit

Anleitung

Die Angaben für Version 1 stehen vor dem Schrägstrich, die für Version 2 dahinter. Steht nur eine Angabe, so gilt sie für beide Versionen.

MASCHENANSCHLAG Mit Fb A und der dünneren Rundstrick-Nd 90/130 M anschl.

Die Arbeit zur Runde schließen (siehe Seite 37), ohne die M zu verdrehen.

1.–4./6. RUNDE Re M str bis Rd-Ende.

NÄCHSTE RUNDE Li M str bis Rd-Ende (= Umbruchkante).

NÄCHSTE RUNDE Zur dickeren Rundstrick-Nd wechseln und re M str bis Rd-Ende.

Rundstricken in Jacquardtechnik

Beim Rundstricken in Jacquardtechnik mit zwei Farben ist es wichtig, immer den gleichen Faden oben bzw. unten zu führen. Im Allgemeinen führt man die Hintergrundfarbe (in diesem Fall Fb A, also Anthrazit bzw. Schwarz) über den anderen Faden und die Musterfarbe (in diesem Fall Weiß bzw. Grau) unter dem anderen Faden. Auf diese Weise hebt sich der Musterfaden vom Hintergrund ab, und es entsteht ein klareres Muster. Die obere Arbeitsprobe zeigt, was passiert, wenn der Musterfaden über den anderen Faden hinweggeführt wird. Man sieht deutlich, dass die Rhomben nicht so klar abgegrenzt sind und sich nicht so gut vom Hintergrund abheben wie bei der unteren Arbeitsprobe (siehe Stirnband auf Seite 42).

Jacquardmuster

1. RUNDE UND FOLGENDE RUNDEN Fb B anschlingen und in Jacquardtechnik nach dem Zählmuster (unten) arb, dabei mit der 1. Rd rechts unten beginnen.

7,5 cm/6,5 cm in Jacquardtechnik stricken und mit einer 6./1. Muster-Rd enden.

- dunkle Farbe (Fb A)
- helle Farbe (Fb B)
- Musterrapport

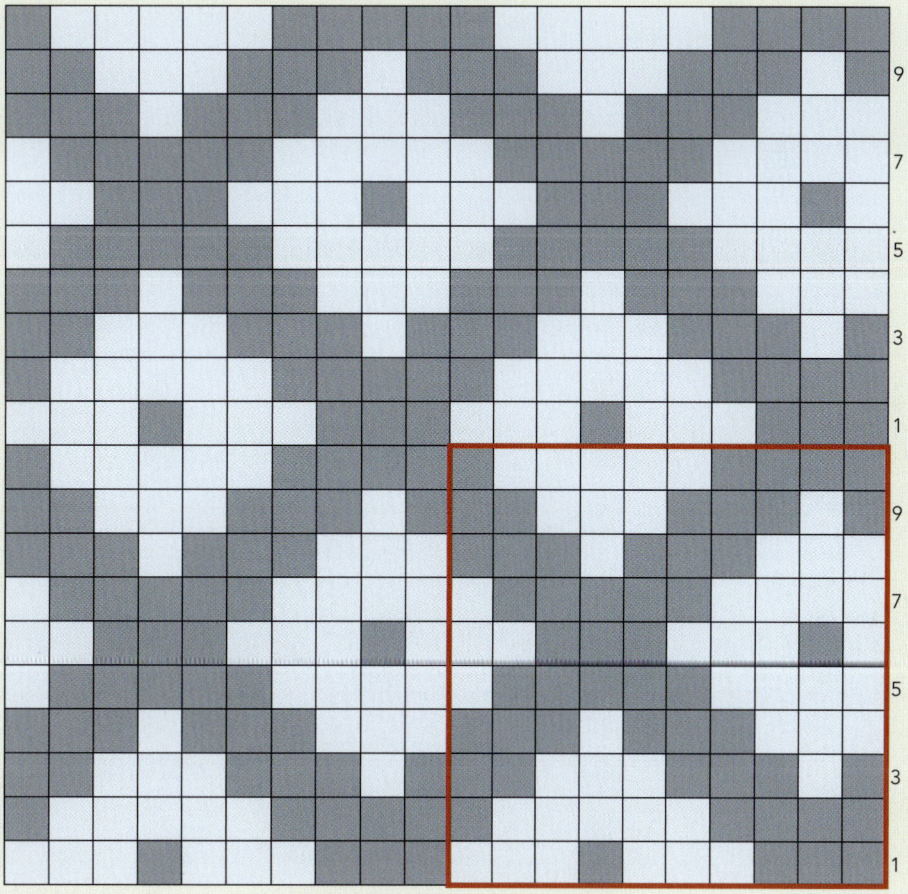

Fertigstellung

Zur dünneren Rundstrick-Nd und Fb A wechseln.

1. RUNDE Re M str bis Rd-Ende.

2. RUNDE Li M str bis Rd-Ende (= Umbruchkante).

3.–6. RUNDE Re M str bis Rd-Ende.

NUR VERSION 1: Alle M locker abk.

NUR VERSION 2: **7.–8. RUNDE** Re M str bis Rd-Ende.

NÄCHSTE RUNDE * 1 M re, 1 M li; ab * fortlfd wdh bis Rd-Ende.

Die letzte Rd stets wdh, bis das Rippenmuster 5 cm hoch ist. Alle M locker im Rippenmuster abk. Mit Fb A und der Wollnadel Anschlag- und Abkettkante zusammennähen.

BEIDE VERSIONEN Alle Fadenenden mit der Wollnadel vernähen. Das Stirnband waschen und feucht spannen oder spannen und anfeuchten, dann vollständig trocknen lassen.

Futter (für Version 1)

Einen 56 cm langen und 6,5 cm breiten Fleece-Streifen quer rechts auf rechts zusammenlegen und die beiden Schmalseiten von Hand oder mit der Nähmaschine mit 1,25 cm Nahtzugabe zusammennähen.

Futter und Stirnband rechts auf rechts ineinander stecken, sodass die Anschlagkante des gestrickten Bandes mit einer Längsseite des Fleece-Bandes übereinstimmt. Beide Teile zusammenstecken und entlang der Kante heften. Die Teile mit der Nähmaschine oder von Hand knappkantig (mit 3 mm Nahtzugabe) zusammennähen. Nähen Sie knapp innerhalb der Anschlagkante. Die Arbeit an der Naht so umfalten, dass die linken Seiten aufeinanderliegen.

Die andere Längsseite des Fleece-Bandes 3 mm breit nach links umfalten und die Faltkante knapp innerhalb der Abkettkante des gestrickten Bandes aufstecken. Beide Teile mit unsichtbaren Handstichen verbinden und dabei jeweils nur durch das Fleece und eine Lage des Strickteils stechen.

Alternativen für Anschlag und Abschluss

Die Merinowolle, die für Version 2 verwendet wird, ist weich genug, um ohne Fleece-Futter getragen zu werden, und hat eine gerippte Innenseite. Soll die Innenseite ohne Naht gearbeitet werden, beginnen Sie mit einem provisorischen Maschenanschlag (siehe Seite 176) und stricken weiter, wie oben beschrieben, ketten die Maschen jedoch nicht ab. Stricken Sie mit der dünneren Rundstrick-Nd 1 Rd re M. Dann entfernen Sie den Hilfsfaden des provisorischen Anschlags und verbinden die Anschlagmaschen im Maschenstich mit den Maschen der letzten Strickrunde (siehe Seite 179).

[Auf ins Wochenende]
Skimütze

DIE ERSTE NACHT MIT IHM? Die Dinge entwickeln sich offensichtlich! Hier ist eine todschicke Mütze, die unglaublich kompliziert aussieht, aber im Grunde ganz einfach zu stricken ist. Bei mehr als 40 Maschen auf 10 cm müssen Sie aber ein bisschen Zeit einkalkulieren. Vielleicht sollten Sie deshalb bis nach dem Wochenende warten, bevor Sie die Maschen anschlagen (oder auch nicht) …

Das Muster entsteht in Hebemaschentechnik (siehe Seite 52) in hin- und hergehenden Reihen. Anschließend wird die Mütze an der Rückseite zusammengenäht. Die Randmaschen des Musters verschwinden in der Naht. Die Unterkante zieren Zopfborten und eine kontrastierende Bordüre.

GARN

Wollgarn mit Superwash-Ausrüstung (100 % Wolle; LL ca. 175 m/50 g, Maschenprobe gemäß Garnbanderole: 32 M mit Nd Nr. 2–2,5 glatt re = 10 cm breit) in folgenden Mengen und Farben: 100 g in Marineblau (Fb A), 50 g in Naturweiß (Fb B)

NADELN

- Stricknadeln Nr. 2–2,5
- Wollnadel oder Sticknadel ohne Spitze

GRÖSSE

- Einheitsgröße
- Umfang ungedehnt ca. 53,5 cm, dehnbar bis zu 61 cm
- Höhe ca. 20 cm

MASCHENPROBE

42 M im Hebemaschenmuster (ungedehnt) = 10 cm breit

Strick-
muster

Zopfborte

M-Zahl teilbar durch 2.

1. REIHE (HIN-R) * 1 M re in Fb A, 1 M re in Fb B; ab * fortlfd wdh bis R-Ende.

2. REIHE Während der gesamten R beide Fb auf der Rückseite der Arbeit halten und für jede M die neue Fb über die alte hinweg holen, * 1 M re in Fb B, 1 M re in Fb A; ab * fortlfd wdh bis R-Ende.

3. REIHE Während der gesamten R beide Fb auf der Vorderseite der Arbeit halten und für jede M die neue Fb über die alte hinweg holen, * 1 M li in Fb A, 1 M li in Fb B; ab * fortlfd wdh bis R-Ende.

HINWEIS: In der 2. R drehen sich die beiden Fäden umeinander, entwirren sich jedoch in der 3. R wieder. Wenn Ihnen die Sache zu kompliziert wird, schneiden Sie von Fb B ein 5 m langes Stück ab, dann können Sie die Fäden während der Arbeit ganz einfach entwirren.

Anleitung

MASCHENANSCHLAG Mit Fb A 218 M anschl.

1. UND 2. REIHE Re M str bis R-Ende.

3.–5. REIHE Fb B anschlingen und die 1.–3. R der Zopfborte str.

6. REIHE Mit Fb A li M str bis R-Ende.

7.–12. REIHE Re M str bis R-Ende.

13.–22. REIHE In Hebemaschentechnik (siehe Seite 52) die 1.–10. R des Zählmusters 1 (Seite 51) str. Achtung! Die 1. und letzte M jeder R (Rand-M) wird in der Fb der jeweiligen R gestrickt, nicht in der Fb der Hebemaschen. Jede R des Zählmusters entspricht 2 Strick-R.

23.–28. REIHE Mit Fb A re M str bis R-Ende.

29.–31. REIHE Fb B anschlingen und die 1.–3. R der Zopfborte str.

32. REIHE Mit Fb A li M str bis R-Ende.

33. UND 34. REIHE Re M str bis R-Ende. An dieser Stelle sollte die Arbeit ca. 4,5 cm hoch sein.

Hebemaschenmuster

In Hebemaschentechnik (siehe Seite 52) 2 x die 1.–56. Reihe des Zählmusters 2 (Seite 53) str, dann die 1.–28. R noch 1 x wdh. Achtung! Die 1. und letzte M jeder R (Rand-M) wird in der Fb der jeweiligen R gestrickt, nicht in der Fb der Hebemaschen. Jede R des Zählmusters entspricht 2 Strick-R. An dieser Stelle sollte die Arbeit ca. 19 cm hoch sein.

Zählmuster 1

So wird der Rapport von 8 M einschließlich der Rand-M gestrickt:

1. REIHE (FB B) 1 M re in Fb B (= Rand-M), * 1 M re in Fb B, 1 M in Fb A abh, 1 M re in Fb B, 1 M in Fb A abh, 3 M re in Fb B, 1 M in Fb A abh; ab * fortlfd wdh bis zur letzten M, enden mit 1 M re in Fb B (= Rand-M).

2. REIHE (FB B) 1 M re in Fb B (= Rand-M), * 1 M in Fb A abh, 3 M re in Fb B, 1 M in Fb A abh, 1 M re in Fb B, 1 M in Fb A abh, 1 M re in Fb B; ab * fortlfd wdh bis zur letzten M, enden mit 1 M re in Fb B (= Rand-M).

3. UND 4. REIHE (FB A) Alle M in Fb A re str.

5. REIHE (FB B) 1 M re in Fb B (= Rand-M), * 3 M re in Fb B, 1 M in Fb A abh, 1 M re in Fb B, 1 M in Fb A abh, 1 M re in Fb B, 1 M in Fb A abh; ab * fortlfd wdh bis zur letzten M, enden mit 1 M re in Fb B (= Rand-M).

6. REIHE (FB B) 1 M re in Fb B (Rand-M), * 1 M in Fb A abh, 1 M re in Fb B, 1 M in Fb A abh, 1 M re in Fb B, 1 M in Fb A abh, 3 M re in Fb B; ab * fortlfd wdh bis zur letzten M, enden mit 1 M re in Fb B (= Rand-M).

7. UND 8. REIHE (FB A) Wie die 3. und 4. R str.

9. UND 10. REIHE (FB B) Wie die 1. und 2. R str.

Fertigstellung

1.–3. REIHE Die 1.–3. Reihe der Zopfborte str.

4. REIHE Mit Fb A li bis R-Ende.

Mit Fb A alle M abk.

Hebemaschentechnik

In dieser Technik werden alle M entweder re gestrickt oder abgehoben. Es werden zwei Garnfarben verwendet: eine dunkle (in diesem Muster Fb A, dargestellt durch die dunkelblauen Kästchen im Zählmuster) und eine helle (hier Fb B, dargestellt durch die hellblauen Kästchen). Dabei strickt man jeweils eine Hin- und eine Rückreihe (= 2 Reihen) in einer Farbe und arbeitet anschließend die nächsten 2 Reihen in der anderen Farbe. Die 2. Reihe (= Rück-R mit gerader Nr.) ist ein Spiegelbild der 1. R: Stricken Sie alle M re, die zuvor re gestrickt wurden, und heben Sie die abgehobenen M wieder ab. Diese 2. R erscheinen im Zählmuster nicht separat: Jede Kästchenreihe des Zählmusters entspricht 2 Strickreihen mit derselben Garnfarbe.

Das Zählmuster zeigt einzelne Rand-M an beiden Seiten, die etwas vom Rest der R getrennt sind. Die Rand-M werden immer in der Fb gearbeitet, in der die jeweilige R gestrickt wird. Für jede Kästchenreihe des Zählmusters stricken Sie zunächst eine Hin-R, in der Sie alle M in der gerade aktuellen Fb re str und alle M der anderen Fb wie zum Linksstricken abh. Nach derselben Kästchenreihe des Zählmusters arbeiten Sie dann eine Rück-R und stricken alle M re, die in der Fb des aktuellen Arbeitsfadens dargestellt sind. Die M der anderen Fb heben Sie wie zum Linksstricken ab. Achtung! In Rück-R legen Sie beim Abheben den Faden vor die Arbeit. Für die nächste Kästchenreihe des Zählmusters arbeiten Sie 2 R mit der anderen Fb (siehe Fb der Rand-M) und stricken diesmal alle M, die in der neuen Fb gezeigt sind, während Sie die M in der anderen Fb abh, wie oben beschrieben.

Die rückwärtige Naht der Mütze mit unsichtbaren Stichen schließen (siehe Seite 179). Die vordere und hintere Mitte sowie die Mitte der beiden Seiten dazwischen markieren. Suchen Sie nun die Mitte zwischen diesen 4 Punkten und führen Sie diese 4 Mittelpunkte in der oberen Mitte der Mütze zusammen. Vordere und hintere Mitte sowie die beiden Mittelpunkte dazwischen bilden nun die 4 Spitzen an der Oberseite der Mütze. Die 4 kurzen Nähte von der Mitte zu den Spitzen mit unsichtbaren Stichen schließen (siehe Abb. 1).

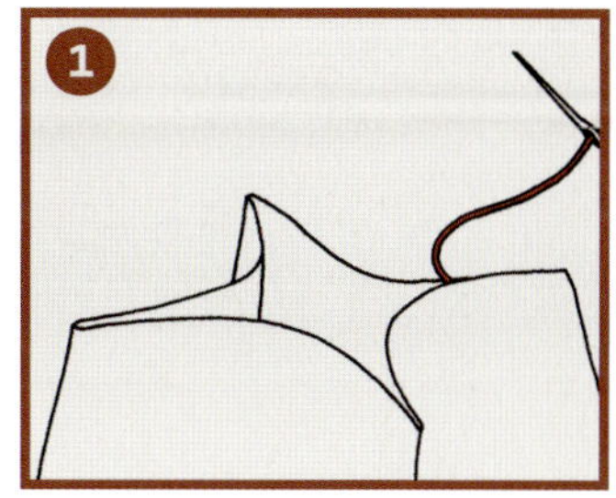

Die Fadenenden mit der Wollnadel vernähen. Die Mütze spannen, anfeuchten und trocknen lassen.

Zählmuster 2

- dunkle Farbe (Fb A)
- helle Farbe (Fb B)
- Musterrapport

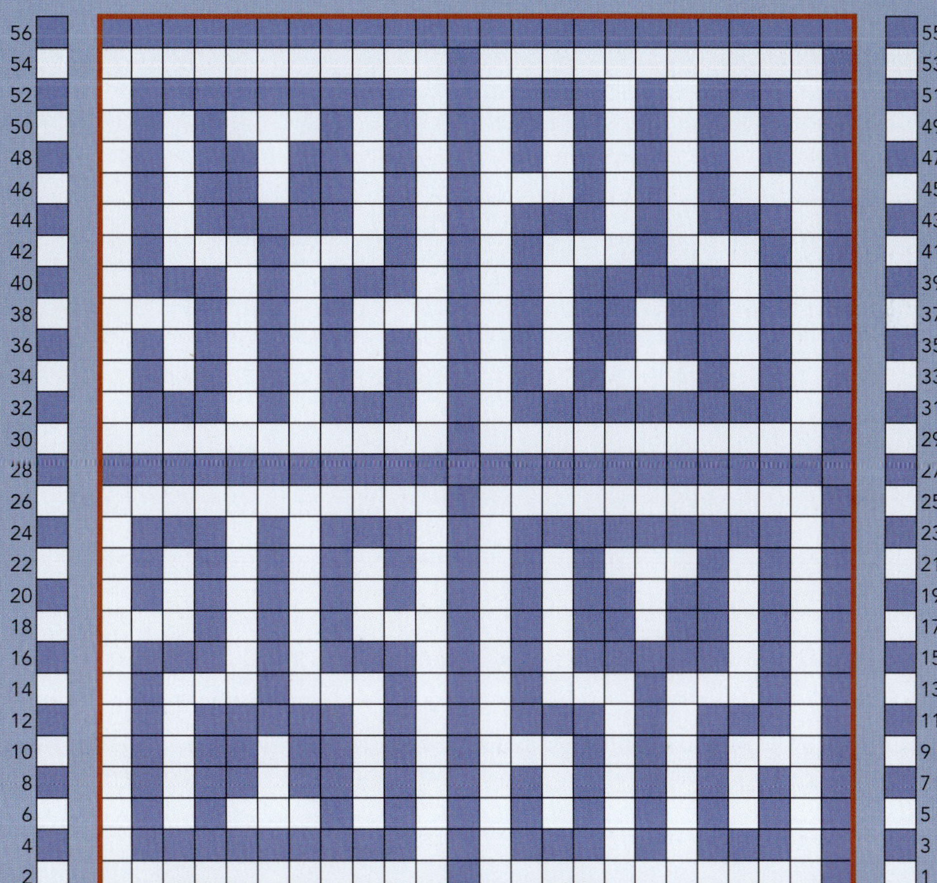

[Zeit zum Kuscheln]

Freizeitsocken

ENDLICH FREITAG ABEND! Die Arbeitswoche liegt hinter Ihnen, und Sie haben Zeit, sich so richtig zu entspannen. Ziehen Sie sich etwas Bequemes an, bestellen Sie Ihre Lieblingspizza, schieben Sie einen Film in den DVD-Player und machen Sie es sich so richtig gemütlich. Diese Socken eignen sich ausgezeichnet als Hausschuh-Ersatz, tragen sich aber auch in Arbeitsstiefeln gut.

Nach dieser Anleitung können Sie einfache Socken aus dickem Garn stricken. Ein Rippenbündchen an der Oberkante sorgt dafür, dass sie nicht rutschen. Anschließend geht's einfach glatt rechts weiter. Wenn Ihnen diese Socken gelungen sind, können Sie den Schaft im Rippenmuster 3 Maschen rechts, 1 Masche links im Wechsel oder in einem anderen Strukturmuster stricken.

GARN

200 g Wollgarn (100 % Merinowolle; LL ca. 200 m/100 g; Maschenprobe gemäß Garnbanderole: 20 M mit Nd Nr. 4,5 glatt re = 10 cm breit) in Grau meliert

NADELN

- Nadelspiel Nr. 4,5
- Wollnadel oder Sticknadel ohne Spitze

GRÖSSE

- Schaftlänge 30,5 cm von der Anschlagkante bis zur Oberkante der Ferse
- Fußlänge 24 cm von der Fersenwand bis zur Spitze

MASCHENPROBE

22 M glatt re gestrickt = 10 cm breit

ABKÜRZUNGEN

2 M re verschr zus-str = 2 M nacheinander einzeln abh und re verschr zus-str

Strick-
muster

Glatt rechts

1. RUNDE Re M str bis Rd-Ende.

Diese Rd stets wdh.

Anleitung

Bündchen

MASCHENANSCHLAG 48 M anschl und auf 4 Nd verteilen (= 12 M pro Nd). Die Arbeit zur Rd schließen (siehe Seite 37), ohne die M zu verdrehen.

1. RUNDE * 1 M re, 1 M li; ab * fortlfd wdh bis Rd-Ende.

NÄCHSTE RUNDEN Die 1. Rd stets wdh bis zu einer Gesamthöhe von 5 cm.

Schaft

1. RUNDE Re M str bis Rd-Ende.

NÄCHSTE RUNDEN Glatt re weiterstr bis zu einer Gesamthöhe von 21,5 cm oder bis zur gewünschten Schaftlänge.

Fersenwand

HINWEIS Wenn Sie bei diesem Arbeitsschritt die 1. M jeder R wie zum Linksstricken abheben, entsteht eine saubere Kante, aus der sich leicht M aufnehmen lassen: Am Rand jeder 2. R entsteht eine M, sodass Sie leicht erkennen, welche M Sie später entlang der Seitenkanten der Fersenwand für den Spickel aufnehmen müssen.

BEGINN 12 M re, wenden.

NÄCHSTE REIHE (RÜCK-R) 1 M abh, 23 M li str. Die soeben gestrickten 24 M bilden die Fersenwand. Die restlichen 24 M auf den Nd (oder einem Maschenraffer) stilllegen. Sie werden später für den Fuß wieder aufgenommen.

1. REIHE (HIN-R) * 1 M wie zum Linksstricken ab (Faden hinter der Arbeit), 1 M re; ab * fortlfd wdh bis R-Ende.

2. REIHE 1 M abh, 23 M li str.

3.–22. REIHE Die 1. und 2. R noch 10 x wdh.

Käppchen

BEGINN 1 M abh, 14 M re, 2 M re verschr zus-str, wenden (= 12 abgehobene M auf jeder Seite der Fersenwand).

1. REIHE (RÜCK-R) 1 M abh, 6 M li, 2 M li zus-str, wenden.

2. REIHE 1 M abh, 6 M re, 2 M re verschr zus-str, wenden.

3.–15. REIHE Die 1. und 2. R noch 6 x wdh, dann die 1. noch 1 x wdh. Alle seitlichen M der Fersenwand sind nun verarbeitet; übrig bleiben 8 Fersenmaschen.

NÄCHSTE REIHE Die 8 Fersen-M re str.

Spickel

BEGINN *Nadel 1:* Mit derselben Nd, auf der die 8 Fersen-M liegen (= Nd 1) 12 M entlang der Hebemaschenkante der Fersenwand + 1 M aus der Ecke zwischen Fersenwand und Rist-M aufnehmen und re str. (Durch die Zusatz-M bildet sich kein Loch an der Verbindungsstelle.)

Nadel 2 und 3: Die bislang stillgelegten M der 2. und 3. Nd für den Rist re str.

Nadel 4: 1 zusätzliche M aus der Ecke zwischen den Rist-M und der Festenwand aufnehmen, dann 12 M entlang der anderen Hebemaschenkante der Fersenwand aufnehmen und re str. Mit derselben Nd die ersten 4 der 8 Fersen-M von Nd 1 re str.

Sie haben nun 17 M auf den Nd 1 und 4 und 12 M auf den Nd 2 und 3 (= 58 M insgesamt).

1. RUNDE *Nadel 1:* Re M str bis zu den letzten 2 M, 2 M re zus-str.

Nadel 2 und 3: Re M str bis Nd-Ende.

Nadel 4: 2 M re verschr zus-str, re M str bis Nd-Ende.

2. RUNDE Re M str bis Rd-Ende.

NÄCHSTE RUNDEN Die 1. und 2. Rd noch 4 x wdh (= 12 M pro Nd bzw. 48 M insgesamt).

Fuß

Glatt re weiterstr (= jede Rd re str), bis der Fuß 19 cm lang ist oder ca. 5 cm kürzer ist als die gewünschte Fußlänge.

Spitze

1. RUNDE *Nadel 1:* Re M str bis zu den letzten 2 M, 2 M re zus-str.

Nadel 2: 2 M re verschr zus-str, re M str bis Nd-Ende.

Nadel 3: Re M str bis zu den letzten 2 M, 2 M re zus-str.

Nadel 4: 2 M re verschr zus-str, re M str bis Nd-Ende.

2. RUNDE Re M str bis Rd-Ende.

3.–10. RUNDE Die 1. und 2. Rd noch 4 x wdh (= 28 M).

11.–15. RUNDE Die 1. Rd stets wdh, ohne zusätzliche Rd zwischen den Abn-Rd zu arb (= 8 M).

Fertigstellung

Den Arbeitsfaden 25 cm nach der letzten M abschneiden. Das Fadenende in eine Wollnadel einfädeln und 2 x durch die verbleibenden 8 M führen. Den Faden fest anziehen, um das Loch an den Zehenspitzen zu schließen.

Alle Fadenenden mit der Wollnadel vernähen.

L.L.Bea

[Bitte nicht in den Trockner stecken!]

Socken MIT ZOPFMUSTER

SOCKEN SIND RELATIV LEICHT ZU STRICKEN, und sie sind so überschaubar, dass es keinen riesigen Zeitaufwand erfordert, ein Paar zu stricken. Vergessen Sie aber nicht: Wenn Sie einen Strumpf gestrickt haben, müssen Sie auch das Gegenstück in Angriff nehmen. Und sagen Sie Ihrem Schatz (öfters!), dass er diese Socken nie in Waschmaschine oder Trockner stecken darf!

Aus dickem Wollgarn gestrickt, halten die Socken ein Leben lang (wenn Sie nicht mit einem Trockner Bekanntschaft machen). Das Zopfmuster ist leicht zu lernen, sodass Sie nach ein oder zwei Verzopfungen nicht mehr in die Anleitung schauen müssen.

GARN

200 g Wollgarn (100 % Wolle; LL ca. 225 m/100 g; Maschenprobe gemäß Garnbanderole: 28 M und 36 R mit Nd Nr. 2,5–3 glatt re = 10 x 10 cm) in Marineblau

NADELN UND ZUBEHÖR

- Nadelspiel Nr. 3
- Zopfnadel
- Wollnadel oder Sticknadel ohne Spitze
- Maschenraffer (nach Belieben)

GRÖSSE

- Schaftlänge 26,5 cm von der Anschlagkante bis zur Oberkante der Ferse
- Fußlänge 24 cm von der Fersenwand bis zur Spitze

MASCHENPROBE

32 M im Zopfmuster = 10 cm breit

ABKÜRZUNGEN

2 M re verschr zus-str = 2 M nacheinander einzeln abh und re verschr zus-str

Strick-muster

Zopfmuster

M-Zahl teilbar durch 16 (d.h. 1 Rapport pro Nd).

1. RUNDE * 4 M re, 1 M li, die nächsten 3 M auf einer Zopf-Nd vor die Arbeit legen, 3 M re, die 3 von der Zopf-Nd re str, 1 M li, 4 M re; ab * fortlfd wdh bis Rd-Ende.

2.–6. RUNDE * 4 M re, 1 M li, 6 M re, 1 M li, 4 M re; ab * fortlfd wdh bis Rd-Ende.

Die 1.–6. Rd stets wdh.

Anleitung

Bündchen

MASCHENANSCHLAG 64 M anschl und auf 4 Nd verteilen (= 16 M pro Nd). Die Arbeit zur Runde schließen (siehe Seite 37), ohne die M zu verdrehen.

1. RUNDE * 1 M re, 1 M li bis Rd-Ende.

NÄCHSTE RUNDE Im so eingeteilten Rippenmuster weiterstr bis zu einer Gesamthöhe von 4 cm.

Schaft

1.–6. RUNDE Im Zopfmuster str.

NÄCHSTE RUNDEN Die 1.–6. Rd des Zopfmusters stets wdh bis zu einer Gesamthöhe von 19 cm oder bis zur gewünschten Schaftlänge; mit einer 1. Rd des Zopfmusters enden.

Fersenwand

HINWEIS Wenn Sie bei diesem Arbeitsschritt die 1. M jeder R wie zum Linksstricken abheben, entsteht eine saubere Kante, aus der sich leicht M aufnehmen lassen: Am Rand jeder 2. R entsteht eine M, sodass Sie leicht erkennen, welche M Sie später entlang der Seitenkanten der Fersenwand für den Spickel aufnehmen müssen.

BEGINN 16 M re str, wenden.

NÄCHSTE REIHE (RÜCK-R) 1 M abh, 31 M li. Die soeben gestrickten 32 M bilden die Fersenwand. Die restlichen 32 M auf den Nd (oder einem Maschenraffer) stilllegen. Sie werden später für den Fuß wieder aufgenommen.

1. REIHE (HIN-R) * 1 M wie zum Linksstricken ab (Faden hinter der Arbeit), 1 M re; ab * fortlfd wdh bis R-Ende.

2. REIHE 1 M abh, 31 M li str.

3.–30. REIHE Die 1. und 2. R noch 14 x wdh.

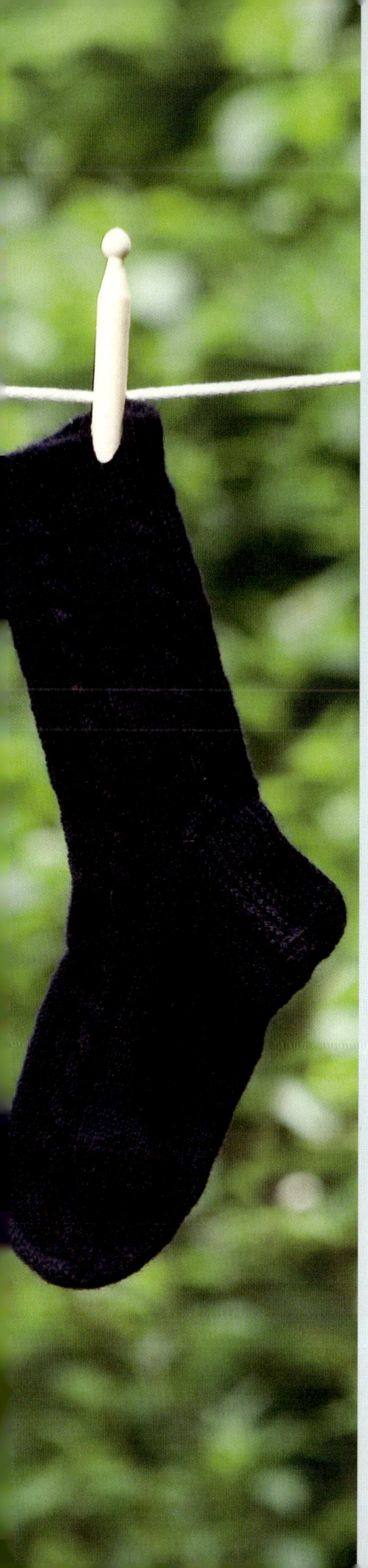

Käppchen

BEGINN * 1 M abh, 1 M re; ab * noch 9 x wdh, enden mit 1 M abh, 2 M re verschr zus-str, wenden (= 16 abgehobene M auf jeder Seite der Fersenwand).

1. REIHE (RÜCK-R) 1 M abh, 11 M li, 2 M li zus-str, wenden.

2. REIHE * 1 M abh, 1 M re; ab * noch 4 x wdh, 1 M abh, 2 M re verschr zus-str, wenden.

3.–19. REIHE Die 1. und 2. R noch 8 x wdh, dann die 1. R noch 1 x wdh. Alle seitlichen M der Fersenwand sind nun verarbeitet; übrig bleiben 12 Fersenmaschen.

NÄCHSTE REIHE Die 12 Fersen-M re str.

Spickel

BEGINN *Nadel 1:* Mit derselben Nd, auf der die 12 Fersen-M liegen (= Nd 1) 16 M entlang der Hebemaschenkante der Fersenwand + 1 M aus der Ecke zwischen Fersenwand und Rist-M aufnehmen und re str. (Durch die Zusatz-M bildet sich kein Loch an der Verbindungsstelle.)

2. und 3. Nadel: Die bislang stillgelegten M der 2. und 3. Nd für den Rist im eingeteilten Zopfmuster str. Wenn Sie vor Beginn der Ferse mit einer 1. Rd des Musters geendet haben, fahren Sie nun mit der 2. Muster-Rd fort.

4. Nadel: 1 zusätzliche M aus der Ecke zwischen den Rist-M und der Fersenwand aufnehmen, dann 16 M entlang der anderen Hebemaschenkante der Fersenwand aufnehmen und re str. Mit derselben Nd die ersten 6 der 12 Fersen-M von Nd 1 re str.

Sie haben nun je 23 M auf den Nd 1 und 4 und je 16 M auf den Nd 2 und 3 (= 78 M insgesamt).

1. RUNDE *Nadel 1:* Re M str bis zu den letzten 2 M, 2 M re zus-str.

Nadel 2 und 3: Im eingeteilten Zopfmuster str.

Nadel 4: 2 M re verschr zus-str, re M str bis Nd-Ende.

2. RUNDE Re M str bis Rd-Ende.

3.–14. RUNDE Die 1. und 2. Rd noch 4 x wdh (= 16 M pro Nd bzw. 64 M insgesamt).

Fuß

In der bisherigen Einteilung ohne weitere Abn auf Nd 1 und 4 weiterstr (= Nd 2 und 3 im Zopfmuster, Nd 1 und 4 glatt re), bis der Fuß eine Länge von 18,5 cm bzw. 5,5 cm weniger als die gewünschte Gesamtlänge erreicht hat; mit einer 1. Rd des Zopfmusters enden.

Spitze

1. RUNDE *Nadel 1:* Re M str bis zu den letzten 3 M, 2 M re zus-str, 1 M re.

Nadel 2: 1 M re, 2 M re verschr zus-str, re M str bis Nd-Ende.

Nadel 3: Re M str bis zu den letzten 3 M, 2 M re zus-str, 1 M re.

Nadel 4: 1 M re, 2 M re verschr zus-str, re M str bis Nd-Ende.

2. RUNDE Re M str bis Rd-Ende.

3.–16. RUNDE Die 1. und 2. Rd noch 7 x wdh (= 32 M).

17.–19. RUNDE Die 1. Rd (= Abn-Rd) noch 3 x ohne die 2. Rd dazwischen arb (= 20 M).

20. RUNDE Wie die 1. Rd str. Gleichzeitig die M von Nd 3 auf Nd 2 und die ersten 4 M von Nd 1 auf Nd 4 übertragen (= 16 M bzw. 8 M auf jeder der beiden Nd).

Fertigstellung

Beide Nd parallel halten und die M im Maschenstich (siehe Seite 179) verbinden.

Alle Fadenenden mit der Wollnadel vernähen.

[Okay, ich wasch' sie ...]

Socken MIT RHOMBENMUSTER

DAS ARGYLE-MUSTER IST EIN ECHTER KLASSIKER. Seit den Zwanzigerjahren des vergangenen Jahrhunderts erlebte es ein stetes Auf und Ab, zur Zeit aber ist es absolut „in" und verdient es deshalb, in einem Paar Socken verewigt zu werden. Allerdings erfordert dieses Projekt sowohl Köpfchen als auch Zeit, und deshalb sollte Ihr Freund auf keinen Fall die Chance haben, die Socken mit der übrigen Wäsche in die Waschmaschine oder gar in den Trockner zu stopfen. Wenn Sie also diese Socken stricken, sollten Sie sich zugleich bereit erklären, ihre Pflege zu übernehmen.

Das Muster basiert auf einem Original von Bucilla-Garn aus dem Jahr 1950 und wird hier mit freundlicher Genehmigung von Plaid Enterprises veröffentlicht. Der gemusterte Schaft wird in hin- und hergehenden Reihen gestrickt und an der Rückseite zusammengenäht. Für Fuß und Spitze wird die Arbeit zur Runde geschlossen.

GARN

Wollgarn (100 % Merinowolle; LL ca. 175 m/ 50 g; Maschenprobe gemäß Garnbanderole: 31 M mit Nd Nr. 2–2,5 glatt re = 10 cm breit) in folgenden Mengen und Farben: 100 g in Grün bzw. Dunkelgrau (Fb A), je 50 g in Lachs bzw. Marine (Fb B) und Beige bzw. Hellgrau (Fb C), Rest in Hellgrün bzw. Beige (Fb D)

NADELN UND ZUBEHÖR

- Nadelspiel Nr. 2,5–3
- Wollnadel oder Sticknadel ohne Spitze
- Maschenraffer
- Garnspulen
- *Hinweis:* Beim Arbeiten mit zwei Fb haben Sie 2 Möglichkeiten: 1. Sie wickeln jede Fb auf eine eigene Spule, die auf der Rückseite der Arbeit hängt, wenn sie gerade nicht gebraucht wird. (Dann brauchen Sie für jede Farbfläche innerhalb der R eine eigene Spule.) 2. Sie schneiden von jeder Fb Stücke ab (ca. 14 m pro Rhombus) und ziehen den jeweils benötigten Faden aus dem Gewirr, das sich während des Strickens bildet.

GRÖSSE

- Schaftlänge 29 cm von der Anschlagkante bis zur Oberkante der Ferse
- Fußlänge 24 cm von der Fersenwand bis zur Spitze

MASCHENPROBE

36 M im Argyle-Muster = 10 cm breit

ABKÜRZUNGEN

2 M re verschr zus-str = 2 M nacheinander einzeln abh und re verschr zus-str

Anleitung

Bündchen

BEGINN Mit Fb A 68 M locker anschl, auf 2 M verteilen (= 34 M pro Nd) und in hin- und hergehenden R str. Die Arbeit nicht zur Rd schließen!

1. REIHE (HIN-R) * 2 M re, 2 M li; ab * fortlfd wdh bis R-Ende (= Bündchenmuster).

NÄCHSTE REIHEN Die 2. R stets wdh bis zu einer Gesamthöhe von 7,5 cm, dabei in der letzten R des Bündchenmusters gleichmäßig verteilt 7 M zun (= 75 M).

Schaft

1. REIHE (= 1. R DES ZÄHLMUSTERS VON SEITE 69) Fb C anschlingen, 1 M re. Mit Fb A 17 M re str.

Fb C anschlingen, 1 M re str.

Einen weiteren Faden in Fb D anschlingen, 1 M re str.

Mit Fb A 17 M re str.

Einen Faden in Fb B anschlingen, 1 M re str.

Einen weiteren Faden in Fb A anschlingen, 17 M re str.

Einen weiteren Faden in Fb D anschlingen, 1 M re str.

Einen weiteren Faden in Fb D anschlingen, 1 M re str.

Mit Fb A 17 M re str.

Einen weiteren Faden in Fb C anschlingen, 1 M re str.

2.–74. REIHE Glatt re im Argyle-Muster nach dem Zählmuster weiterstr (Hin-R re, Rück-R li str).

75. REIHE Mit Fb A 19 M str, dann die soeben gestrickten M für die Ferse auf einem Maschenraffer stilllegen. Die nächsten 37 M im Muster str, die verbleibenden 19 M für die Ferse auf einem Maschenraffer stilllegen.

76.–101. REIHE Über die 37 M glatt re im Argyle-Muster bis zum Ende des Zählmusters weiterstr.

Die M für den Rist auf einem Maschenraffer stilllegen.

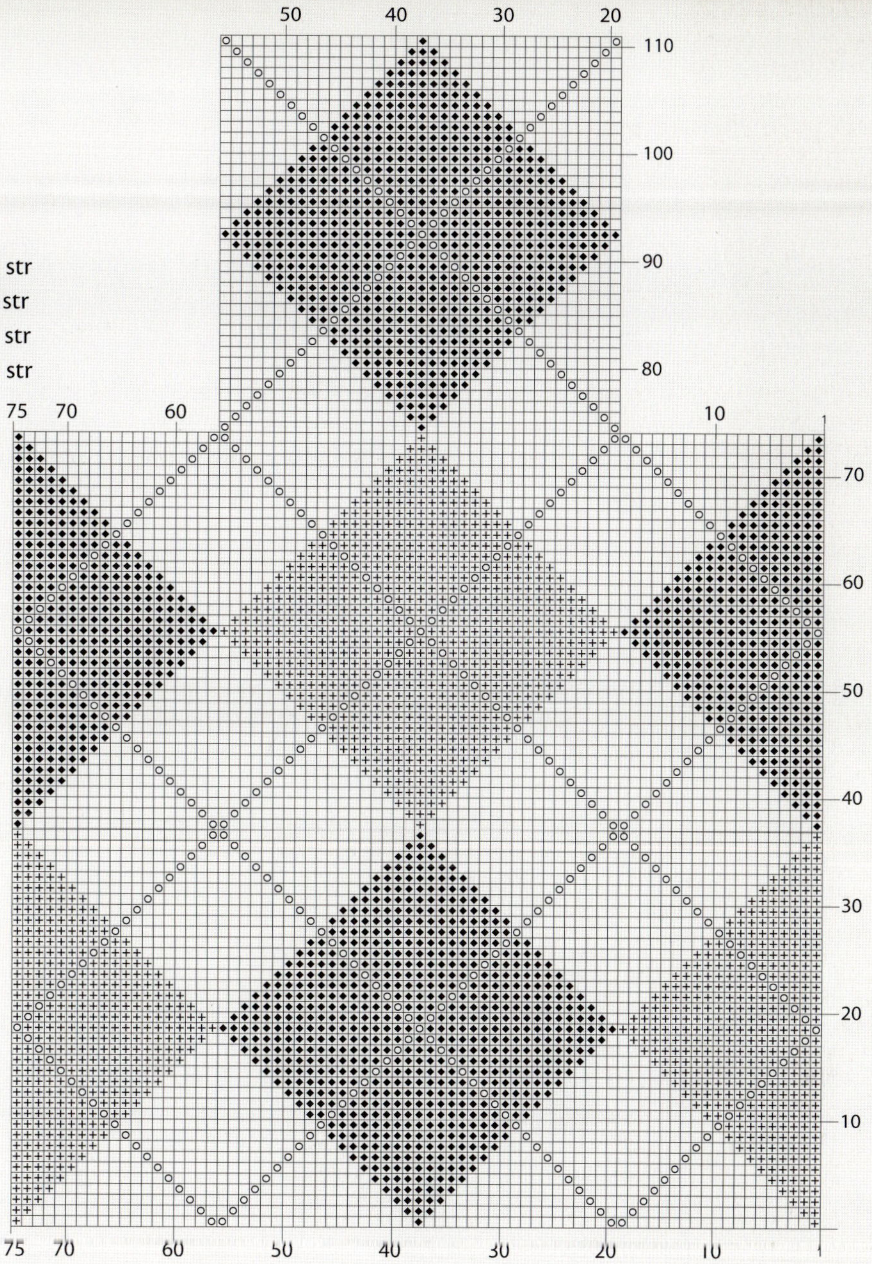

- ☐ 1 M in Fb A: Hin-R re, Rück-R li str
- ◆ 1 M in Fb B: Hin-R re, Rück-R li str
- ⊞ 1 M in Fb C: Hin-R re, Rück-R li str
- ⊡ 1 M in Fb D: Hin-R re, Rück-R li str

Fersenwand

BEGINN Die 38 stillgelegten Fersen-M so auf eine einzige Nd übertragen, dass die Seitenkanten des Schaftes in der Mitte der Nd zusammentreffen. Von der linken Seite der Arbeit Fb A anschlingen.

1. REIHE (RÜCK-R) 1 M wie zum Linksstricken abh, li M str bis R-Ende.

2. REIHE * 1 M wie zum Linksstricken abh, 1 M re; ab * fortlfd wdh bis R-Ende.

3.–36. REIHE Die 1. und 2. R noch 17 x wdh.

Käppchen

1. REIHE (RÜCK-R) 1 M abh, 20 M li, 2 M li zus-str, 1 M li, wenden.

2. REIHE 1 M abh, 5 M re, 2 M re verschr zus-str, 1 M re, wenden.

3. REIHE 1 M abh, 6 M li, 2 M li zus-str, 1 M li, wenden.

4. REIHE 1 M abh, 7 M re, 2 M re verschr zus-str, 1 M re, wenden.

5.–16. REIHE Auf diese Weise weiterstr, dabei vor der Abn in jeder R 1 M mehr str, bis alle M verstrickt sind (= 22 M). Fb A abschneiden.

Spickel

HINWEIS Der Spickel wird auf beiden Seiten in hin- und hergehenden R auf 2 Nd gestrickt. Erst danach wird der Strumpf in Rd weitergestrickt (siehe „Fuß").

BEGINN *Nadel 1:* Von der rechten Seite der Arbeit Fb A an der Unterkante der Fersenwand anschlingen. Mit einer neuen Nd 18 M entlang der Hebemaschenkante der Fersenwand aufnehmen und re str, dann die ersten 11 Fersen-M auf dieselbe Nd re abstricken.

Nadel 2: Mit einer neuen Nd die übrigen 11 Fersen-M re str, dann entlang der anderen Hebemaschenkante der Fersenwand 18 M aufnehmen und re str (= 58 M insgesamt bzw. 29 M auf jeder der 2 Nd).

1. REIHE (RÜCK-R) Li M str bis Nd-Ende.

2. REIHE *Nadel 1:* 1 M re, 2 M re verschr zus-str, re M str bis Nd-Ende.

Nadel 2: Re M str bis zu den letzten 3 M, 2 M re zus-str, 1 M re.

3.–22. REIHE Die 1. und 2. R noch 10 x wdh (= 36 M insgesamt bzw. 18 M auf jeder der 2 Nd). All diese M für die Sohle auf 1 Nd übertragen.

23.–36. REIHE Glatt re über alle M str; mit einer Rück-R li M enden.

Fuß

BEGINN Die 36 Sohlen-M auf 2 Nd verteilen (= 18 M auf Nd 1 und 3) und die 37 Rist-M auf Nd 2 übertragen (= 73 M insgesamt). Die Arbeit zur Rd schließen.

1. RUNDE Re M str bis Rd-Ende, dabei 1 M in der Mitte von Nd 2 (Rist) abn (= 72 M).

NÄCHSTE RUNDEN Glatt re (= jede Rd re) str bis zu einer Fußlänge von 19 cm bzw. bis der Fuß 5 cm kürzer ist, als er am Ende werden soll. In der Mitte der Sohle am Beginn von Nd 1 enden.

Spitze

1. RUNDE *Nadel 1:* Re M str bis zu den letzten 3 M, 2 M re zus-str, 1 M re.

Nadel 2: 1 M re, 2 M re versch zus-str, re M str bis zu den letzten 3 M, 2 M re zus-str, 1 M re.

Nadel 3: 1 M re, 2 M re verschr zus-str, re M str bis Nd-Ende.

2. RUNDE Re M str bis Rd-Ende.

3.–26. RUNDE Die 1. und 2. Rd noch 12 x wdh (= 20 M).

27. RUNDE 5 M re auf Nd 1, dann diese 5 M auf Nd 3 übertragen (= je 10 M auf beiden Nd). Die M beider Nd im Maschenstich verbinden (siehe Seite 179).

Fertigstellung

Die rückwärtige Naht schließen und dabei auf einen exakten Musteransatz achten (siehe dazu Kasten unten). Die Spickelnähte an beiden Seiten des Strumpfes schließen.

Fadenenden vernähen und dabei lockere M an den Farbwechseln anziehen, wenn nötig.

Nähte ohne Randmaschen

Strickteile ohne Randmaschen näht man ebenso zusammen wie solche mit Randmaschen (siehe Seite 179), doch nimmt man beidseitig der Naht nur eine halbe statt einer ganzen Masche auf.

[Wie eiskalt ist dies Händchen]

Fausthandschuhe

ES GIBT KAUM ETWAS UNROMANTISCHERES, als die blau gefrorene Hand des Liebsten zu halten. Stricken Sie ihm deshalb diese schlichten Fausthandschuhe in seiner Lieblingsfarbe und einem Garn Ihrer Wahl. Wenn Sie wollen, können Sie sich mit Zopf- oder Strukturmuster auf dem Handrücken kreativ verewigen oder ein buntes Streifenmuster stricken.

Die Daumen sind leicht von der gedachten „Seitennaht" in Richtung Handfläche versetzt. Natürlich könnten Sie die Daumen auch genau seitlich ansetzen, sodass beide Fäustlinge austauschbar sind, aber wo bleibt dann die Herausforderung? Außerdem passen sie so besser.

GARN

100 g Mischgarn (55 % Alpaka, 23 % Seide, 22 % Wolle; LL ca. 100 m/50 g; Maschenprobe gemäß Garnbanderole: 19 M mit Nd Nr. 4,5 glatt re = 10 cm breit) in Schwarz

NADELN UND ZUBEHÖR

- Nadelspiel Nr. 4
- Maschenraffer
- Markierungsringe
- Wollnadel oder Sticknadel ohne Spitze

GRÖSSE

- Länge von der Anschlagkante bis zur Spitze ca. 26,5 cm
- Handumfang ca. 21,5 cm

ABKÜRZUNGEN

1 M zun = 1 Masche aus dem Querfaden zunehmen (siehe Seite 181)
MR = Markierungsring(e)

Strick-
muster

Glatt rechts

1. RUNDE Re M str bis Rd-Ende.

Diese Rd stets wdh.

Anleitung für den rechten Fausthandschuh

Bündchen

MASCHENANSCHLAG 48 M anschl und auf 4 Nd verteilen (= 12 M pro Nd). Die Arbeit zur Rd schließen (siehe Seite 37), ohne die M zu verdrehen.

1. RUNDE * 1 M re, 1 M li; ab * fortlfd wdh bis Rd-Ende.

NÄCHSTE RUNDEN Die 1. Rd stets wdh bis zu einer Gesamthöhe von 7,5 cm bzw. bis zur gewünschten Bündchenlänge.

Hand

BEGINN DES DAUMENZWICKELS Auf Nd 1 je 1 MR nach der 3. und 4. M einhängen, sodass die 4. M vom Beginn der Nd 1 aus gesehen beidseitig von MR gerahmt wird.

1. UND 2. RUNDE Glatt re str (= jede Rd re str).

3. RUNDE Re M str bis zum 1. MR, den MR abh, 1 M zun, 1 M re, 1 M zun, den 2. MR abh, re M str bis Rd-Ende (= 3 Zwickel-M zwischen den MR).

4. UND 5. RUNDE Glatt re str.

6. RUNDE Re M str bis zum 1. MR, den MR abh, 1 M zun, re M str bis zum 2. MR, 1 M zun, den 2. MR abh, re M str bis Rd-Ende (= 5 Zwickel-M zwischen den MR).

7.–23. RUNDE Die 4.–6. Rd noch 5 x wdh, dann die 4. und 5. Rd noch 1 x str (= 15 Zwickel-M zwischen den MR).

24. UND 25. RUNDE Re M str bis Rd-Ende.

26. RUNDE Re M str bis zum 1. MR, die 15 Zwickel-M auf einem M-Raffer stilllegen, den MR entfernen, 1 M anschl, Re M str bis Rd-Ende (= 48 M).

NÄCHSTE RUNDEN Gerade ohne Zun weiterstr bis zu einer Höhe von 15 cm ab Oberkante Bündchen bzw. bis zu einer Höhe, die 4 cm weniger beträgt als die gewünschte Höhe bis zur Spitze des längsten Fingers.

Abnahmen für die Spitze

1. RUNDE * 4 M re, 2 M re zus-str; ab * fortlfd wdh bis Rd-Ende (= 40 M).

2. RUNDE Re M str bis Rd-Ende.

3. RUNDE * 3 M re, 2 M re zus-str; ab * fortlfd wdh bis Rd-Ende (= 32 M).

4. RUNDE Re M str bis Rd-Ende.

5. RUNDE * 2 M re, 2 M re zus-str; ab * fortlfd wdh bis Rd-Ende (= 24 M).

6. RUNDE Re M str bis Rd-Ende.

7. RUNDE * 1 M re, 2 M re zus-str; ab * fortlfd wdh bis Rd-Ende (= 16 M).

8. RUNDE Re M str bis Rd-Ende.

9. RUNDE * 2 M re zus-str; ab * fortlfd wdh bis Rd-Ende (= 8 M).

Den Arbeitsfaden ca. 25 cm nach der letzten M abschneiden, das Fadenende in eine Wollnadel einfädeln und 2 x durch alle verbleibenden M führen. Den Faden fest anziehen, um das Löchlein in der Handschuhspitze zu schließen.

Das Fadenende im Inneren des Handschuhs vernähen.

Daumen

BEGINN Die 15 Daumenzwickel-M auf 3 Nd verteilen wie folgt:

Nadel 1: 6 M

Nadel 2: 6 M

Nadel 3: 3 M, dann mit dieser Nd aus der Oberkante des Daumenlochs 5 M aufnehmen und re str. In der nächsten Rd die 1. und die letzte dieser 5 M abn (siehe Kasten unten; = 18 M).

1. RUNDE Re M str bis Rd-Ende.

NÄCHSTE RUNDEN Glatt re weiterstr, bis der Daumen 5 cm lang oder knapp 1,5 cm kürzer ist, als er am Ende werden soll.

Abnahmen für die Daumenspitze

1. RUNDE * 1 M re, 2 M re zus-str; ab * fortlfd wdh bis Rd-Ende (= 12 M).

Den Löchern keine Chance

Beim Stricken von Handschuhdaumen müssen Sie mit 2 M mehr stricken, als Sie nach dem Stilllegen der Zwickel-M neu angeschlagen haben. Diese 2 M werden zu beiden Seiten der neu angeschlagenen M aufgenommen. Doch damit keine Löcher an der Basis des Daumens oder anderer Handschuhfinger entstehen, sollten Sie beidseitig der Masche(n), die Sie für den jeweiligen Finger brauchen, jeweils 1 M zusätzlich aufnehmen. In der nächsten Runde stricken Sie die 1. Extra-Masche mit der M davor und die 2. Extra-Masche mit der darauf folgenden M zusammen.

2. RUNDE	Fortlfd 2 M re zus-str bis Rd-Ende (= 6 M).
3. RUNDE	Wie die 2. Rd str (= 3 M).

Fertigstellung

Den Arbeitsfaden ca. 25 cm nach der letzten M abschneiden. Das Fadenende in eine Wollnadel einfädeln und die letzten 3 M damit zusammenziehen, wie bei der Handschuhspitze beschrieben.

Alle Fadenenden vernähen, dabei mit dem Fadenende an der Daumenbasis eventuell trotz aller Mühe entstandene Löcher schließen.

Anleitung für den linken Fausthandschuh

Wie den rechten Handschuh stricken, jedoch beim Beginn des Daumenzwickels (siehe 1. Schritt unter „Hand", Seite 74) die MR nach der 8. und 9. M von Nd 2 einhängen, sodass die 4. M vom Ende der Nd 2 aus gesehen beidseitig von MR flankiert wird.

[Total verliebt] Fingerhandschuhe

IM GEGENSATZ ZU FÄUSTLINGEN müssen Sie bei Fingerhandschuhen die Maschen aufteilen und zehn Finger (bzw. zwei Daumen und acht Finger) stricken. Wenn Sie diese Mühe nicht scheuen, sollten Sie das beste Garn verwenden, das Sie sich leisten können, beispielsweise ein edles Kaschmir-Merino-Mischgarn.

Arbeiten Sie einen hübschen Zopf ein und stricken Sie ein extra langes Bündchen, das Ihr Liebster umschlagen oder lang tragen kann, um die Handgelenke zu wärmen.

GARN

100 g Kaschmir-Woll-Mischgarn (78 % extrafeine Merinowolle, 22 % Kaschmir; LL ca. 125 m/50 g; Maschenprobe gemäß Garnbanderole: 20 M und 26 R mit Nd Nr. 4,5 glatt re = 10 x 10 cm) in Weinrot

NADELN UND ZUBEHÖR

- Nadelspiel Nr. 3,5
- Hilfsnadel
- 3 Markierungsringe
- Wollnadel

GRÖSSE

- Länge von der Anschlagkante bis zur Spitze des Mittelfingers 30,5 cm
- Handumfang 20,5 cm

MASCHENPROBE

24 M glatt re gestrickt = 10 cm breit

ABKÜRZUNG

- 1 M zun = 1 Masche aus dem Querfaden zunehmen (siehe Seite 181)
- MR = Markierungsring(e)

Anleitung für den linken Handschuh

MASCHENANSCHLAG 50 M anschl und auf 3 Nd verteilen wie folgt:

Nadel 1 und 2: je 16 M

Nadel 3: 18 M

1. RUNDE * 1 M re, 1 M li; ab * fortlfd wdh bis Rd-Ende (= Bündchenmuster)

NÄCHSTE RUNDEN Die 1. Runde stets wdh bis zu einer Gesamthöhe von 12,5 cm.

NÄCHSTE RUNDE *Nadel 1:* Re M str bis Nd-Ende, dann die 1. M von Nd 2 auf Nd 1 re abstr (= 17 M auf Nd 1).

Nadel 2: 8 M re, MR einhängen, re M str bis Nd-Ende (= 15 M auf Nd 2).

Nadel 3: Re M str bis Nd-Ende.

HINWEIS Der Handrücken des Handschuhs beginnt bei der 1. M auf Nadel 1, die Handfläche beginnt nach dem MR auf Nd 2.

Strick-muster

Zopfstreifen

Über 25 M gearbeitet.

1. RUNDE 6 M re, 2 M li, 9 M re, 2 M li, 6 M re.

2. RUNDE Wie die 1. Rd str.

3. RUNDE 6 M re, 2 M li, 3 M auf der Hilfs-Nd vor die Arbeit legen, 3 M re, die 3 M von der Hilfs-Nd re str, 3 M re, 2 M li, 6 M re.

4., 5. UND 6. RUNDE Wie die 1. Rd str.

7. RUNDE 6 M re, 2 M li, 3 M re, 3 M auf der Hilfs-Nd hinter die Arbeit legen, 3 M re, die 3 M von der Hilfs-Nd re str, 2 M li, 6 M re.

8. RUNDE Wie die 1. Rd str.

Die 1.–8. R stets wdh.

Strick-muster

Perlmuster

Ungerade M-Zahl.

1. RUNDE * 1 M re, 1 M li; ab * fortlfd wdh bis zur letzten M, enden mit 1 M re.

2. RUNDE * 1 M li, 1 M re; ab * fortlfd wdh bis zur letzten M, enden mit 1 M li.

Die 1. und 2. Rd stets wdh.

Strick-muster

Perlmuster

Gerade M-Zahl.

1. RUNDE * 1 M re, 1 M li; ab * fortlfd wdh bis Rd-Ende.

2. RUNDE * 1 M li, 1 M re; ab * fortlfd wdh bis Rd-Ende.

Die 1. und 2. Rd stets wdh.

Handrücken, Handfläche und Daumenzwickel

1. RUNDE Die 1. Rd des Zopfstreifens über die ersten 25 M arb (Handrücken); MR abh. Im Perlmuster für ungerade M-Zahl str bis zu den letzten 4 M von Nd 3, den 1. MR für den Daumenzwickel einhängen, 1 M re, den 2. MR für den Daumenzwickel einhängen, 3 M re.

2. RUNDE Die 2. Rd des Zopfstreifens über die 25 M des Handrückens str; MR abh. Im Perlmuster str bis zum 1. MR für den Daumenzwickel, MR abh, 1 M zun, 1 M re, 1 M zun, MR abh, 3 M re (= 3 Zwickel-M zwischen den MR).

3. RUNDE Die 3. Rd des Zopfstreifens über die 25 M des Handrückens str, MR abh. Im Perlmuster str bis MR, MR abh, die Zwickel-M re str, MR abh, 3 M re.

4. RUNDE Wie die 3. Rd str, jedoch die 4. Rd des Zopfstreifens arb.

5. RUNDE Die 5. Rd des Zopfstreifens über die 25 M des Handrückens str; MR abh. Im Perlmuster str bis MR, MR abh, 1 M zun, re M str bis MR, 1 M zun, MR abh, 3 M re (= 5 Zwickel-M zwischen den MR).

6.–20. RUNDE Die 3.–5. Rd noch 5 x wdh, dabei den Zopfmusterstreifen weiterstr und wdh, wie auf Seite 80 beschrieben (= 15 Zwickel-M zwischen den MR).

21. RUNDE Den Zopfstreifen über die 25 M des Handrückens str; MR abh. Im Perlmuster str bis MR, MR abh, die 1. Zwickel-M im Perlmuster str, die nächsten 4 Zwickel-M re str, MR abh, 3 M re.

22. RUNDE Wie die 21. Rd str.

23. RUNDE Den Zopfstreifen über die 25 M des Handrückens str; MR abh. Im Perlmuster str bis MR; MR abh, 1 M zun, 1 M im Perlmuster, 14 M re, 1 M zun, MR abh, 3 M re (= 17 Zwickel-M).

24. RUNDE (= 8. RD DES ZOPFSTREIFENS) Den Zopfstreifen übe die 25 M des Handruckens str; MR abh. Im Perlmuster str bis MR, MR abh, 3 M des Daumenzwickels im Perlmuster str, 14 M re, MR abh, 3 M re.

25. RUNDE Den Zopfstreifen über die 25 M des Handrückens str, MR abh. Im Perlmuster str bis MR, die 17 Daumen-M auf einem Maschenraffer stilllegen, 1 M anschl, 3 M re (= 50 M).

26.–40. RUNDE In den eingeteilten Mustern weiterstr: 25 M Zopfstreifen über die ersten 25 M, 22 M im Perlmuster, 3 M glatt re. Danach haben Sie weitere 2 Rapporte à 8 Rd des Zopfstreifens vollendet (= 5 Rapporte insgesamt).

Finger

HINWEIS Der Zopfstreifen auf dem Handrücken endet hier; stricken Sie stattdessen glatt re weiter. Die M der Handfläche im Perlmuster weiterstr und jede Rd mit 3 M re beenden, wie eingeteilt.

Die gerade nicht benötigten M für die Finger können Sie auf kurzen Garnstücken stilllegen.

1. RUNDE 19 M des Handrückens re str. Die nächsten 6 M des Handrückens für den kleinen Finger stilllegen. Den MR entfernen und die ersten 5 M der Handfläche für den kleinen Finger stilllegen. Über dem Zwischenraum vor den Kleinfinger-M 3 M neu anschl und die M der Handfläche im Perlmuster bzw. glatt re str, wie eingeteilt (= 42 M).

2.–5. RUNDE Nach der vorgegebenen Einteilung weiterstr, dabei die neu angeschlagenen M glatt re str.

Ringfinger

BEGINN 13 M des Handrückens re str und stilllegen. 9 M bis zum Ende der neu angeschlagenen M re str, die nächsten 6 M im Perlmuster str, die verbleibenden 14 M der Handfläche stilllegen, 3 M neu anschl und die Arbeit zur Runde schließen (= 18 M für den Ringfinger).

NÄCHSTE RUNDEN In Rd weiterstr, dabei die 6 M auf der Seite der Handfläche weiter im Perlmuster, die übrigen M glatt re str, bis der Ringfinger 6,5 cm lang bzw. 0,5 cm kürzer ist als die gewünschte Gesamtlänge.

NÄCHSTE RUNDE * 2 M re zus-str, 1 M re; ab * fortlfd wdh bis Rd-Ende (= 12 M).

NÄCHSTE RUNDE * 2 M re zus-str; ab * fortlfd wdh bis Rd-Ende (= 6 M).

Den Arbeitsfaden ca. 10 cm nach der letzten M abschneiden. Das Fadenende in eine Wollnadel einfädeln und 2 x durch die verbleibenden M führen. Die M fest zusammenziehen und das Fadenende im Inneren des Handschuhfingers vernähen.

Mittelfinger

BEGINN Die 6 M des Handrückens, die dem Ringfinger am nächsten liegen, auf eine Nd heben. Mit einem neuen Faden am Ende der Nd 3 M aus der Basis des Ringfingers aufnehmen und re str (siehe Kasten auf Seite 76), die nächsten 6 Handflächen-M auf die Nd heben und im eingeteilten Perlmuster weiterstr, 3 M neu anschl und die M zur Rd schließen, die 6 Handrücken-M re str (= 18 M für den Mittelfinger).

NÄCHSTE RUNDEN In Rd weiterstr, dabei die 6 M auf der Handflächenseite des Fingers im Perlmuster, die übrigen M glatt re str, bis der Mittelfinger 7 cm lang bzw. 0,5 cm kürzer ist als die gewünschte Gesamtlänge. Den Finger beenden, wie beim Ringfinger beschrieben.

Zeigefinger

BEGINN 8 Handflächen- und 7 Handrücken-M auf Nd heben. Mit einem neuen Faden am Ende der Handrücken-M 3 M aus der Basis des Mittelfingers aufnehmen und re str (siehe Kasten auf Seite 76). Die M zur Rd schließen (= 18 M für den Zeigefinger).

NÄCHSTE RUNDEN In Rd weiterstr, dabei die 5 M auf der Handflächenseite des Fingers im Perlmuster, die übrigen M glatt re str, bis der Zeigefinger 6,5 cm lang bzw 0,5 cm kürzer ist als die gewünschte Gesamtlänge. Den Finger beenden, wie beim Ringfinger beschrieben.

Kleiner Finger

BEGINN 5 Handflächen- und 6 Handrücken-M auf Nd heben. Mit einem neuen Faden am Ende der Handflächen-M 3 M aus der Basis des Ringfingers aufnehmen und re str (siehe Kasten auf Seite 76). Die M zur Rd schließen (= 14 M für den kleinen Finger).

NÄCHSTE RUNDEN In Rd weiterstr, dabei die 5 M auf der Handflächenseite des Fingers im Perlmuster, die übrigen M glatt re str, bis der kleine Finger 5 cm lang bzw. 0,5 cm kürzer ist als die gewünschte Gesamtlänge.

NÄCHSTE RUNDE * 2 M re zus-str, 1 M re; ab * noch 3 x wdh, 2 M re zus-str (= 9 M).

NÄCHSTE RUNDE 4 x 2 M re zus-str, 1 M re (= 5 M).

Die Spitze des kleinen Fingers schließen wie die der anderen Finger.

Daumen

BEGINN 17 Daumen-M so auf 2 Nd verteilen, dass die 3 M im Perlmuster am Beginn der 1. Nd liegen. Mit einem neuen Faden am Ende der Daumen-M 3 M aus den M aufnehmen und re str, die über dem Daumenloch angeschlagen wurden (siehe Kasten auf Seite 76). Die M zur Rd schließen (= 20 Daumen-M).

NÄCHSTE RUNDEN In Rd weiterstr, dabei die 3 neu aufgenommenen M und die 3 M an der Innenkante des Daumens im eingeteilten Perlmuster str, bis der Daumen 4,5 cm lang bzw. 0,5 cm kürzer als die gewünschte Gesamtlänge ist.

NÄCHSTE RUNDE * 2 M re zus-str, 1 M re; ab * noch 5 x wdh, 2 M re zus-str (= 13 M).

NÄCHSTE RUNDE * 6 x 2 M re zus-str (= 7 M).

Die Spitze des Daumens schließen wie die der anderen Finger.

Anleitung für den rechten Handschuh

Das Bündchen und die 1. Rd nach dem Bündchen str, wie beim linken Handschuh beschrieben (= 17 M auf Nd 1, 15 M auf Nd 2 und 18 M auf Nd 3).

HINWEIS Die Handfläche beginnt mit der 1. M auf Nd 1; der Handrücken beginnt nach dem MR auf Nd 2.

Handrücken, Handfläche und Daumenzwickel

1. RUNDE 3 M re, den 1. MR für den Daumenzwickel einhängen, 1 M re, den 2. MR für den Daumenzwickel einhängen, im Perlmuster str bis zum nächsten MR, den MR abh. Den Zopfstreifen über die letzten 25 M str (= Handrücken).

2. RUNDE 3 M re, MR abh, 1 M zun, 1 M re, 1 M zun, den 2. Zwickel-MR abh, im Perlmuster str bis zum nächsten MR, MR abh. Den Zopfstreifen über die 25 M des Handrückens str.

4. RUNDE Wie die 3. Rd str.

5. RUNDE 3 M re, MR abh, 1 M zun, re M str bis zum 2. Zwickel-MR, 1 M zun, MR abh, im Perlmuster str bis zum nächsten MR, MR abh. Den Zopfstreifen über die 25 M des Handrückens str.

6.–20. RUNDE Die 3.–5. Rd noch 5 x wdh (= 15 Zwickel-M zwischen den MR).

21. RUNDE 3 M re, MR abh, 14 M re, 1 M im Perlmuster, MR abh, im Perlmuster str bis zum nächsten MR, MR abh. Den Zopfstreifen über die 25 M des Handrückens str.

22. RUNDE Wie die 21. Rd str.

23. RUNDE 3 M re, MR abh, 1 M zun, 14 M re, 1 M im Perlmuster, 1 M zun, MR abh, im Perlmuster str bis zum nächsten MR, MR abh. Den Zopfstreifen über die 25 M des Handrückens str (= 17 Zwickel-M).

24. RUNDE (= 8. RD DES ZOPFSTREIFENS) 3 M re, MR abh, 14 M re, 3 M im Perlmuster, MR abh, im Perlmuster str bis zum nächsten MR, MR abh. Den Zopfstreifen über die 25 M des Handrückens str.

25. RUNDE 3 M re, die 17 Zwickel-M stilllegen, die MR entfernen, 1 M neu anschl. Im Perlmuster str bis zum nächsten MR, den Zopfstreifen über die 25 M des Handrückens str (= 50 M).

26.–40. REIHE In der vorgegebenen Mustereinteilung weiterstr: 3 M glatt re, die nächsten 22 M im Perlmuster, die letzten 25 M als Zopfstreifen. Danach haben Sie weitere 2 Rapporte à 8 Rd des Zopfstreifens vollendet (= 5 Rapporte insgesamt).

Finger

HINWEIS Der Zopfstreifen auf dem Handrücken endet hier; stricken Sie stattdessen glatt re weiter. Die M der Handfläche im Perlmuster weiterstr und jede Rd mit 3 M re beginnen, wie eingeteilt.

Die gerade nicht benötigten M für die Finger können Sie auf kurzen Garnstücken stilllegen.

1. RUNDE 20 M der Handfläche im Perlmuster str. Die nächsten 5 Handflächen-M für den kleinen Finger stilllegen. Den MR entfernen und die ersten 6 M des Handrückens für den kleinen Finger stilllegen. Über dem Zwischenraum vor bzw. nach den Kleinfinger-M 3 M neu anschl, die Arbeit zur Rd schließen und die Handrücken-M glatt re str bis Rd-Ende (= 42 M).

2.–5. RUNDE In der Mustereinteilung weiterstr, dabei die neu angeschlagenen M glatt re str.

Ringfinger

BEGINN 14 Handflächen-M im Perlmuster str und stilllegen. Die nächsten 6 M im Perlmuster str, 9 M re, die restlichen 13 M stilllegen, 3 M anschl und die M zur Rd schließen (= 18 M für den Ringfinger).

Den Finger weiterstr, wie beim Ringfinger der linken Hand beschrieben.

Mittelfinger

BEGINN Die 6 Handflächen-M, die an den Ringfinger angrenzen, auf eine Nd heben. Mit einem neuen Faden am Ende der Nd 3 M aus der Basis des Ringfingers aufnehmen und re str (siehe Kasten auf Seite 76), die nächsten 6 Handrücken-M auf eine Nd heben und re str, 3 M neu anschl, die Arbeit zur Rd schließen und dabei die 6 Handflächen-M im Perlmuster str (= 18 M für den Mittelfinger).

Den Finger weiterstr, wie beim Mittelfinger der linken Hand beschrieben.

Zeigefinger

BEGINN 8 Handflächen- und 7 Handrücken-M auf die Nd heben. Mit einem neuen Faden am Ende der Handflächen-M 3 M aus der Basis des Mittelfingers aufnehmen und re str (siehe Kasten auf Seite 76). Die M zur Rd schließen (= 18 M für den Zeigefinger).

Den Finger weiterstr, wie beim Zeigefinger der linken Hand beschrieben.

Kleiner Finger

BEGINN 5 Handflächen- und 6 Handrücken-M auf die Nd heben. Mit einem neuen Faden am Ende der Handrücken-M 3 M aus der Basis des Ringfingers aufnehmen und re str (siehe Kasten auf Seite 76). Die M zur Rd schließen (= 14 M für den Kleinfinger).

Den Finger weiterstr, wie beim kleinen Finger der linken Hand beschrieben.

Daumen

BEGINN Die 17 Daumenzwickel-M so auf 2 Nd verteilen, dass die 3 M im Perlmuster am Ende der 2. Nd liegen. Mit einem neuen Faden am Ende der Daumen-M 3 M aus denjenigen M aufnehmen und re str, die über der Daumenöffnung angeschlagen wurden (siehe Kasten auf Seite 76). Die M zur Rd schließen (= 20 Daumen-M).

Den Finger weiterstr, wie beim Daumen der linken Hand beschrieben.

Fertigstellung

Alle Fadenenden vernähen, dabei mit dem Fadenende an der Daumenbasis eventuell trotz aller Mühe entstandene Löcher schließen.

North Harpswell
Harpswell Center
Birch Island
Upper Goose Island
Lower Goose Island
Bustins Island
Merepoint
MEREPOINT NECK
MAQUOIT
MIDDLE
SOUND
White Island
Lookout Pt
Pennellville
Mere Pt
Sister I
Shelter I
Whites Pt
Williams I
Scrag I
Jordan Pt
Crow I
Little Flying Pt
Little Fox I
MOUNTAIN
HIGH HEAD RD
ALLEN PT RD
HARPSWELL
123

[Warme Hände - heiße Liebe]

Handschuhe

MIT RHOMBENMUSTER

DIESE VIELSEITIGEN HANDSCHUHE erlauben es Ihrem Freund, die Fingerspitzen mit einem einzigen Handgriff freizubekommen, denn die „Kappe“ an der Spitze der Handschuhe lässt sich ganz einfach wegklappen. Egal, ob er Wechselgeld aus dem Geldbeutel angeln, die Türe aufschließen oder Ihnen über die Wange streicheln will – mit weggeklappter Handschuhspitze ist das kein Problem.

Die Spitze überlappt den Handschuh darunter beidseitig um einige Maschen, und die Abnahmen folgen dem Rhombenmuster. Die Anleitung für die Handschuhfinger endet vor dem ersten Knöchel, doch Sie können die Finger nach Belieben etwas länger stricken.

GARN

100 g Merinowollgarn (100 % Merinowolle; LL ca. 200 m/50 g; Maschenprobe gemäß Garnbanderole: 31 M mit Nd Nr. 2–2,5 glatt re = 10 cm breit) in Grau

NADELN UND ZUBEHÖR

- Nadelspiel Nr. 2–2,5
- Maschenraffer
- Markierungsringe
- Wollnadel oder Sticknadel ohne Spitze

GRÖSSE

- Länge von der Anschlagkante bis zur Spitze ca. 24 cm
- Handumfang ca. 21,5 cm

ABKÜRZUNGEN

- 1 M zun = 1 Masche aus dem Querfaden zunehmen (siehe Seite 181)
- 2 M re verschr zus-str = 2 M nacheinander einzeln abh und re verschr zus-str
- MR = Markierungsring(e)

Strick-
muster

Rhombenmuster

M-Zahl teilbar durch 8 + 1 M.

1. RUNDE * 1 M li, 7 M re; ab * fortlfd wdh bis zur letzten M, 1 M li.

2. RUNDE * 1 M re, 1 M li, 5 M re, 1 M li;
ab * fortlfd wdh bis zur letzten M, 1 M re.

3. RUNDE * 2 M re, 1 M li, 3 M re, 1 M li, 1 M re;
ab * fortlfd wdh bis zur letzten M, 1 M re.

4. RUNDE * 3 M re, 1 M li, 1 M re, 1 M li, 2 M re;
ab * fortlfd wdh bis zur letzten M, 1 M re.

5. RUNDE * 4 M re, 1 M li, 3 M re;
ab * fortlfd wdh bis zur letzten M, 1 M re.

6. RUNDE Wie die 4. Rd str.

7. RUNDE Wie die 3. Rd str.

8. RUNDE Wie die 2. Rd str.

Die 1.–8. Rd stets wdh.

Anleitung für den linken Handschuh

Bündchen

MASCHENANSCHLAG 72 M anschl und auf 4 Nd verteilen (= 18 M pro Nd). Die Arbeit zur Rd schließen (siehe Seite 37), ohne die M zu verdrehen.

1. RUNDE * 2 M re, 2 M li; ab * fortlfd wdh bis Rd-Ende (= Bündchenmuster).

NÄCHSTE RUNDEN Die 1. Rd stets wdh, bis das Bündchen 6,5 cm lang ist.

NÄCHSTE RUNDE 1 M zun, dann re M str bis Rd-Ende (= 73 M).

Hand

BEGINN Die M für Handfläche (Nd 1 und 2) und Handrücken (Nd 3 und 4) neu verteilen wie folgt:

Nadel 1 und 2: 16 M pro Nd

Nadel 3: 20 M

Nadel 4: 21 M

HINWEIS Bei diesem Teil der Arbeit die Handflächen-M (Nadel 1 und 2) glatt re (= jede Rd re str) und die 41 M für den Handrücken (Nadel 3 und 4) im Rhombenmuster str.

1. RUNDE (1. ZUN-RD FÜR DEN DAUMEN) 31 M re (= Handfläche), 1 M zun, MR einhängen, 1 M re (= mittlere Daumenzwickel-M), MR einhängen, 1 M zun, 41 M im Rhombenmuster str.

2. UND 3. RUNDE In den eingeteilten Mustern str.

4. RUNDE Re M str bis MR, 1 M zun, MR abh, 1 M re, MR abh, 1 M zun, re M str bis zum Ende von Nd 2, 41 M im Rhombenmuster.

5. UND 6. RUNDE In den eingeteilten Mustern str.

7.–34. RUNDE Die 4.–6. Rd noch 9 x wdh, dann die 4. Rd noch 1 x wdh (= 97 M insgesamt bzw. 56 M auf Nd 1 und 2, 41 M auf Nd 3 und 4).

NÄCHSTE RUNDE In den eingeteilten Mustern str.

HINWEIS Die gerade nicht benötigten M für die Finger können Sie auf kurzen Garnstücken stilllegen.

NÄCHSTE RUNDE 31 M re, die nächsten 25 Daumen-M auf einem Maschenraffer stilllegen, 1 M anschl, die Arbeit zur Rd schließen, 41 M im Rhombenmuster arb (= 73 M). Wenn nötig, die M neu verteilen, sodass nun je 16 M auf Nd 1 und 2 liegen.

NÄCHSTE 6 RUNDEN In den eingeteilten Mustern str, bis der Handschuh von der Anschlagkante aus gemessen ca. 10 cm hoch ist.

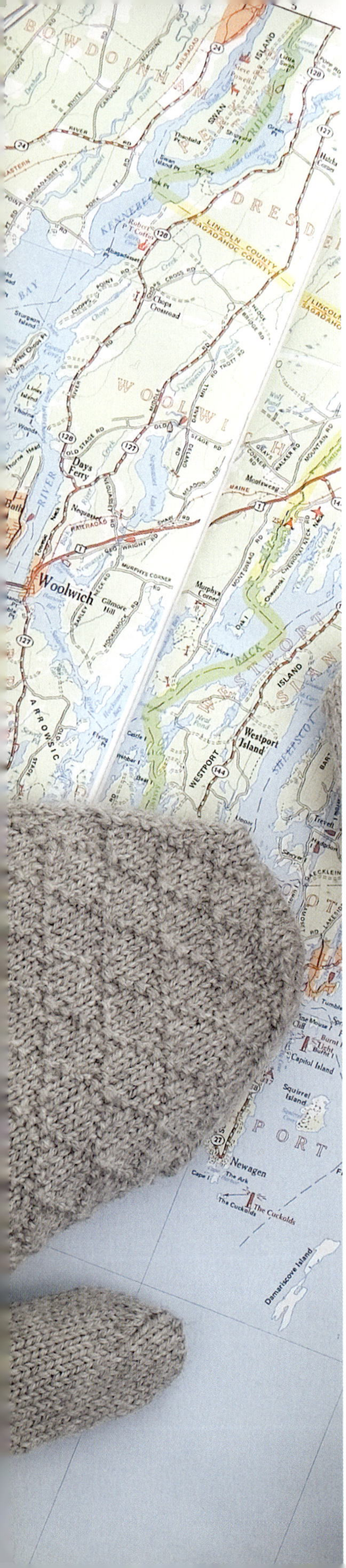

Arbeit für die Kappe teilen

BEGINN 32 Handflächen-M re str und auf einem M-Raffer stilllegen. 41 M im Rhombenmuster str, dann einen glatten Faden in einer Kontrast-Fb durch diese M führen (M auf den Nd lassen!), um die Rd für das spätere Aufnehmen von M zu markieren. 32 M für die Handflächenseite der Kappe neu aufnehmen und die Arbeit zur Rd schließen. Die Rd beginnt mit den Handrücken-M.

1.–6. RUNDE 41 M im Rhombenmuster str, * 1 M re, 1 M li; ab * fortlfd wdh bis Rd-Ende.

NÄCHSTE RUNDE 41 M im Rhombenmuster str, re M str bis Rd-Ende.

NÄCHSTE RUNDEN Die letzte Rd stets wdh, bis die Arbeit von der Oberkante des Bündchens aus 12,5 cm und von der Oberkante des Rippenmusters für die Kappe aus 2,5 cm hoch ist; mit einer 5. Rd des Rhombenmusters enden.

Spitze

BEGINN Die M für den Handrücken (Nd 1 und 2) und für die Handfläche (Nd 3 und 4) neu verteilen, wie folgt:

Nadel 1: 18 M

Nadel 2: 19 M

Nadel 3 und 4: je 18 M

1. RUNDE 2 M re verschr zus-str, im Rhombenmuster str bis zu den letzten 2 M von Nd 2, 2 M re zus-str, 2 M re verschr zus-str, re M str bis zu den letzten 2 M auf Nd 4, 2 M re zus-str (=4 M abgenommen).

2. RUNDE In der vorgegebenen Mustereinteilung str bis Rd-Ende.

3.–20. RUNDE Die 1. und 2. Rd noch 9 x wdh (= 33 M).

21.–33. RUNDE Die 1. Rd noch 3 x wdh (= 21 M).

11 Handrücken-M auf 1 Nd und 10 Handrücken-M auf eine 2. Nd heben und die M im Maschenstich verbinden (siehe Seite 179), dabei die beiden mittleren Maschen des Handrückens wie 1 M zusammenstricken.

Finger

HINWEIS Zum Aufnehmen von M an der Basis von Handschuhfingern und -daumen siehe Kasten auf Seite 76.

BEGINN Die 32 stillgelegten Handflächen-M auf die Nd übertragen. Mit einem neuen Faden am Ende der Handflächen-M 41 M entlang der markierten Handrücken-R aufnehmen und re str (= 73 M). Die M für die Handfläche (Nd 1 und 2) und Handrücken (Nd 3 und 4) neu verteilen wie folgt:

Nadel 1 und 2: je 18 M

Nadel 3: 18 M

Nadel 4: 19 M

1. –6. RUNDE Re M str bis Rd-Ende.

Kleiner Finger

BEGINN Die ersten 8 M der Rd (Handfläche) und die letzten 9 M der Rd (Handrücken) auf 2 Nd nehmen. Die restlichen 56 M stilllegen. Den Faden am Ende der Handflächen-M neu anschlingen und mit einer 3. Nd 4 M anschl (= 21 M für den kleinen Finger). Die M so gleichmäßig wie möglich auf 4 Nd verteilen und zur Rd schließen.

NÄCHSTE RUNDEN Jeweils re M str bis Rd-Ende, bis der kleine Finger 2,5 cm lang ist, dabei in der letzten Rd 1 M abn (= 20 M).

NÄCHSTE 2 RUNDEN * 1 M re, 1 M li; ab * fortlfd wdh bis Rd-Ende.

Die Kleinfinger-M im Rippenmuster abk.

Die restlichen 56 M auf den Nadeln platzieren. Einen neuen Faden am Ende der Handrücken-M anschlingen, 4 M aus den Anschlag-M für den kleinen Finger aufnehmen und re str, dann die Arbeit zur Rd schließen (= 60 M). Die neue Rd beginnt in der Mitte der 4 M, die für den kleinen Finger neu angeschlagen wurden.

NÄCHSTE 6 RUNDEN Re M str bis Rd-Ende.

Ringfinger

BEGINN 11 Handflächen-M re str, 4 M neu anschl, die nächsten 39 M stilllegen, 10 Handrücken-M re str (= 25 M für den Ringfinger). Die M so gleichmäßig wie möglich auf 4 Nd verteilen und zur Rd schließen.

NÄCHSTE RUNDEN Jeweils re M str bis Rd-Ende, bis der Ringfinger 2,5 cm lang ist, dabei in der letzten Rd 1 M abn (= 24 M).

NÄCHSTE 2 RUNDEN * 1 M re, 1 M li; ab * fortlfd wdh bis Rd-Ende.

Die Ringfinger-M im Rippenmuster abk.

Mittelfinger

BEGINN Die 8 Handflächen-M, die dem Ringfinger am nächsten liegen, auf eine Nd übertragen, mit einem neuen Faden 4 M anschl, die 9 Handrücken-M, die dem Ringfinger am nächsten liegen, auf eine Nd übertragen, 9 Handrücken-M re str, 4 M aus den neu angeschlagenen M des Ringfingers aufnehmen und re str, die M zur Rd schließen (= 25 M).

NÄCHSTE RUNDEN Jeweils re M str bis Rd-Ende, bis der Mittelfinger 3 cm lang ist, dabei in der letzten Rd 1 M abn (= 24 M).

NÄCHSTE 2 RUNDEN * 1 M re, 1 M li; ab * fortlfd wdh bis Rd-Ende.

Alle Mittelfinger-M im Rippenmuster abk.

Zeigefinger

BEGINN Die restlichen 22 M auf eine Nd auffassen. Mit einem neuen Faden am Ende der Handrücken-M 4 M aus den neu angeschlagenen M des Mittelfingers aufnehmen und re str; die M zur Rd schließen (= 26 M).

NÄCHSTE RUNDEN Jeweils re M str bis Rd-Ende, bis der Zeigefinger 2,5 cm lang ist.

NÄCHSTE 2 RUNDEN * 1 M re, 1 M li; ab * fortlfd wdh bis Rd-Ende.

Alle Zeigefinger-M im Rippenmuster abk.

Daumen

BEGINN Die 25 Daumen-M auf eine Nd auffassen. Mit einem neuen Faden am Ende der Daumen-M 1 M aus der Ecke vor der einzelnen über dem Daumenloch für die Hand angeschlagenen M aufnehmen und re str, 2 M aus der Basis der neu angeschlagenen M aufnehmen und re str, dann 1 M aus der Ecke nach der einzelnen neu angeschlagenen M aufnehmen und re str. Die M zur Rd schließen (= 29 M). Die M auf 3 Nd verteilen wie folgt:

Nadel 1 und 2: je 10 M

Nadel 3: 9 M

NÄCHSTE RUNDEN Jeweils re M str bis Rd-Ende, bis der Daumen 2,5 cm lang ist.

NÄCHSTE RUNDE * 2 M re verschr zus-str, re M str bis Nd-Ende; ab * noch 2 x wdh (= 3 M abgenommen).

NÄCHSTE 6 RUNDEN Die letzte Rd noch 6 x wdh (= 8 M).

Den Arbeitsfaden ca. 25 cm nach der letzten M abschneiden. Das Fadenende in eine Wollnadel einfädeln und 2 x durch die restlichen M führen, die M fest zusammenziehen und das Fadenende im Inneren des Handschuhs vernähen.

Anleitung für den rechten Handschuh

Das 6,5 cm hohe Bündchen und die 1. Rd danach str, wie beim linken Handschuh beschrieben (= 73 M).

Hand

BEGINN Die M für den Handrücken (Nd 1 und 2) und die Handfläche (Nd 3 und 4) verteilen wie folgt:

Nadel 1: 20 M

Nadel 2: 21 M

Nadel 3 und 4: je 16 M

Sheepscot
OLD COUNTY RD
Newcastle
Damariscotta
Johnston Hill
Bremen
Medomak
BREMEN
LONG
ISLAND
Hockomock Nature Tr
Todd Wildlife Sanctuary
Cow Island
Coombs Ledge
Davis Island
Fort Edgecomb
North
Edgecomb
Lily Pond
Boothbay
Boothbay Harbor
Bayville
Linekin
Spruce Point
Spruce Shores
Capitol Island
Ocean Point
Squirrel Island
Fisherman Island
Ram I Light
The Hypocrites
White Islands
Heron Island
Inner Heron Island
Southport
Muddy Pond

HINWEIS Bei diesem Teil der Arbeit die 41 M für den Handrücken (Nd 1 und 2) im Rhombenmuster und die 32 M für die Handfläche (Nd 3 und 4) glatt re str.

1. RUNDE (1. ZUN-RD FÜR DEN DAUMEN) 41 M im Rhombenmuster str, 1 M zun, MR einhängen, 1 M re (= mittlere Daumenzwickel-M), 1 M zun, 31 M re.

2. UND 3. RUNDE In der vorgegebenen Mustereinteilung str.

4. RUNDE 41 M im Rhombenmuster, re M str bis MR, 1 M zun, MR abh, 1 M re, MR abh, 1 M zun, re M str bis Rd-Ende.

5. UND 6. RUNDE In der vorgegebenen Mustereinteilung str.

7.–34. RUNDE Die 4.–6. Rd noch 9 x wdh, dann die 4. Rd noch 1 x wdh (= 97 M insgesamt: 41 M auf Nd 1 und 2, 56 M auf Nd 3 und 4).

NÄCHSTE RUNDE In der vorgegebenen Mustereinteilung str.

NÄCHSTE RUNDE 41 M im Rhombenmuster, die nächsten 25 Daumenzwickel-M stilllegen, 1 M anschl, 31 M re, dann die Arbeit wieder zur Rd schließen (= 73 M). Die M wenn nötig neu verteilen, sodass je 16 M auf Nd 3 und 4 liegen.

NÄCHSTE 6 RUNDEN In der vorgegebenen Musterfolge weiterstr, bis der Handschuh von der Oberkante des Bündchens aus 10 cm hoch ist.

Arbeit für die Kappe teilen

BEGINN 41 M im Rhombenmuster str, dann einen glatten Faden in einer Kontrast-Fb durch diese M führen (M auf den Nd lassen!), um die Rd für das spätere Aufnehmen von M zu markieren. 32 Handflächen-M auf einem Maschenraffer stilllegen. 32 M für die Handflächenseite der Kappe neu anschl und die Arbeit zur Rd schließen. Rd-Beginn ist am Beginn der Handrücken-M.

Die Kappe (Rippenmuster, glatt rechter Teil, Abn) str, wie beim linken Handschuh beschrieben.

Finger

BEGINN Die 32 Handflächen-M vom Maschenraffer auf eine Nd übertragen. Mit einem neuen Faden am Ende der Handflächen-M 41 M entlang der markierten Handrücken-R aufnehmen und re str (= 73 M).

Die Handflächen-M (Nd 1 und 2) und die Handrücken-M (Nd 3 und 4) neu verteilen wie folgt:

Nadel 1 und 2: je 18 M

Nadel 3: 18 M

Nadel 4: 19 M

1.–6. RUNDE Jeweils re M str bis Rd-Ende.

Kleiner Finger

BEGINN Die ersten 28 Handflächen-M stilllegen, 8 Handflächen-M re str, 9 Handrücken-M re str, die restlichen 28 M auf einem Maschenraffer stilllegen, 4 M neu anschl (= 21 M für den kleinen Finger).

Den Finger fertigstellen wie den linken kleinen Finger.

Die restlichen 56 M auf eine Nd übertragen. Mit einem neuen Faden am Ende der Handflächen-M 4 M aus den Anschlag-M des kleinen Fingers aufnehmen und re str, dann die M zur Rd schließen (= 60 M). Jede Rd beginnt in der Mitte der 4 M, die für den kleinen Finger angeschlagen wurden.

NÄCHSTE 6 RUNDEN Jeweils re M str bis Rd-Ende.

Ringfinger

BEGINN 10 Handrücken-M re str, die restlichen 20 Handrücken-M stilllegen, 4 M neu anschl, die ersten 19 Handflächen-M stilllegen, 11 Handflächen-M. Die Arbeit zur Rd schließen (= 25 M für den Ringfinger).

Den Finger fertigstellen wie den linken Ringfinger.

Mittelfinger

BEGINN Die 8 Handflächen-M, die dem Ringfinger am nächsten liegen, aufnehmen und re str. Mit einem neuen Faden 4 M aus den neu angeschlagenen M für den Ringfinger aufnehmen und re str, die 9 Handrücken-M, die dem Ringfinger am nächsten liegen, aufnehmen und re str, 9 Handrücken-M re str, 4 M neu anschl, die Arbeit zur Rd schließen (= 25 M).

Den Finger fertigstellen wie den linken Mittelfinger.

Zeigefinger

BEGINN Die restlichen 22 M auf eine Nd übertragen. Mit einem neuen Faden am Ende der Handflächen-M 4 M aus den Anschlag-M für den Mittelfinger aufnehmen und re str. Die Arbeit zur Rd schließen (= 26 M).

Den Finger fertigstellen wie den linken Zeigefinger.

Daumen

Wie den linken Daumen str.

Fertigstellung

Alle Fadenenden vernähen und die Fadenenden an der Basis der Finger zum Schließen eventueller Löchlein verwenden.

[Ein Treffen mit seinen Freunden]

Pullunder

WENN IHR FREUND Sie seinen Freunden vorstellen will, wissen Sie, dass er's ernst meint. Natürlich heißt es schon etwas, wenn er bereit ist, sich mit Ihren Freunden zu treffen, aber der umgekehrte Fall bedeutet einen Meilenstein in Ihrer Beziehung. Hoffentlich ist Ihnen seine Clique sympathisch – schließlich könnten das die Leute sein, die auf Jahre hinaus Ihr Sofa bevölkern und dieselbe Luft mit Ihnen atmen. Wenn Sie lang und ausgiebig über seinen Umgang nachgedacht haben und immer noch an ihm hängen, könnte es Zeit sein, ihm ein „richtiges" Kleidungsstück zu stricken. Dieser einfache Pullunder ist ein guter Anfang.

Er wird komplett mit Nadeln einer Stärke gestrickt, erfordert nur wenige Abnahmen, und am Ende müssen nur die Nähte geschlossen und die Fadenenden vernäht werden. Die Strickmuster – ein einfaches Strukturmuster mit dreireihigem Rapport und ein schlichtes Rippenmuster – machen das Auszählen der Reihen leicht.

GARN

500/600/600 g Merinowollgarn (100 % Merinowolle; LL ca. 150 m/100 g; Maschenprobe gemäß Garnbanderole: 18–20 M mit Nd Nr. 4–4,5 = 10 cm breit) in Gelbbraun

NADELN UND ZUBEHÖR

- Stricknadeln Nr. 4,5
- Markierungsringe
- Garnreste als Hilfsfaden
- Maschenraffer
- Wollnadel oder Sticknadel ohne Spitze

GRÖSSE

- Oberweite 106,5/117/127 cm
- Das abgebildete Originalmodell hat eine Oberweite von 117 cm.
- Die Angaben für die verschiedenen Größen sind durch Schrägstriche voneinander getrennt. Steht nur eine Angabe, so gilt sie für alle drei Größen.

MASCHENPROBE

22 M und 30 R im Grundmuster = 10 x 10 cm

Strick-muster

Rippenmuster

M-Zahl teilbar durch 2.

1. REIHE (HIN-R) 2 M re, * 1 M li, 1 M re; ab * fortlfd wdh bis R-Ende.

2. REIHE (RÜCK-R) * 1 M li, 1 M re; ab * fortlfd wdh, enden mit 2 M li.

Die 1. und 2. R stets wdh.

Anleitung für das Rückenteil

Bündchen

MASCHENANSCHLAG 116/126/138 M anschl.

HINWEIS Schlagen Sie die Maschen an, wie auf Seite 175 für Rippenmuster empfohlen, und beachten Sie den Kasten auf Seite 107.

1. UND 2. REIHE Im Rippenmuster str.

NÄCHSTE REIHEN Im Rippenmuster weiterstr bis zu einer Gesamthöhe von 6,5/6,5/7,5 cm.

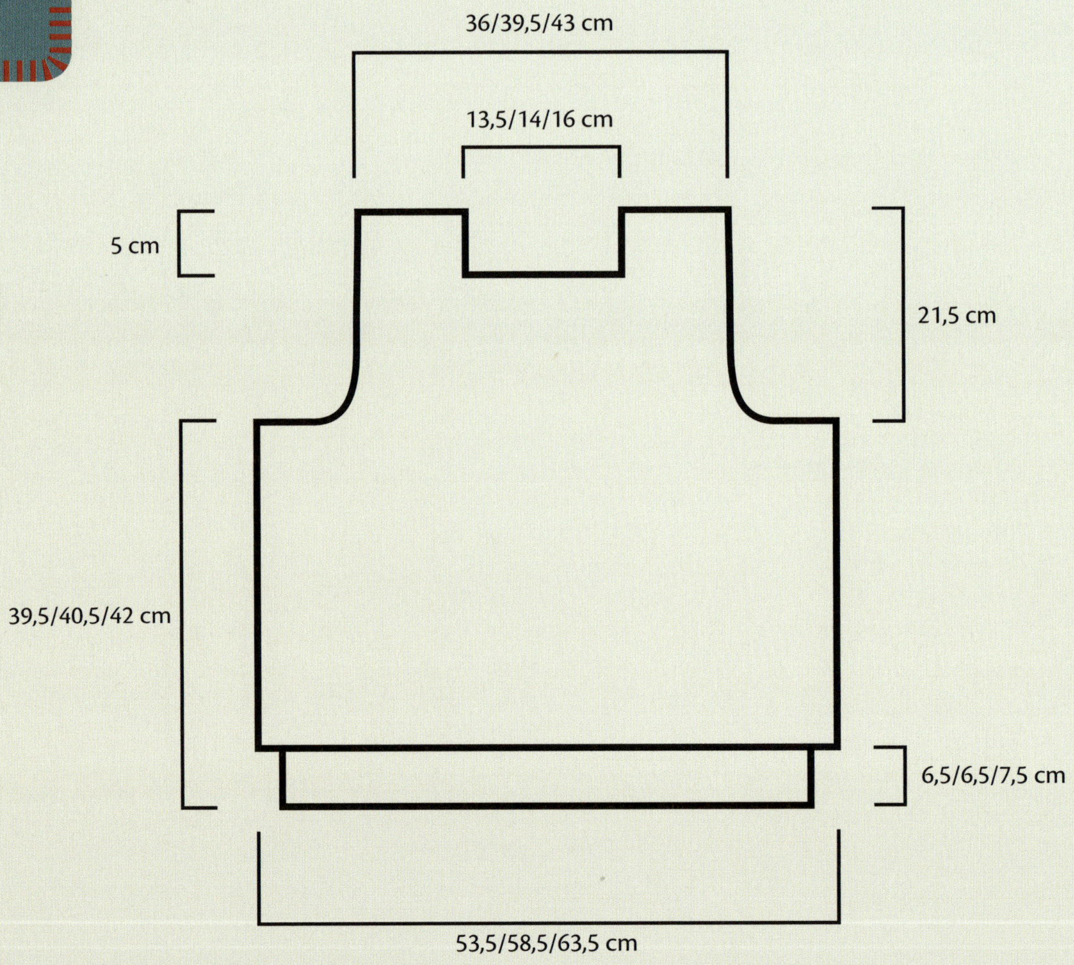

Strickmuster

Grundmuster

M-Zahl teilbar durch 2.

1. REIHE (HIN-R) Re M str.

2. REIHE (RÜCK-R) Li M str.

3. REIHE Re M str.

4. REIHE 1 M li (Rand-M), * 1 M re, 1 M li; ab * fortlfd wdh bis zur letzten M, 1 M li (Rand-M).

Die 1.–4. R stets wdh.

Körper

1.–4. REIHE Im Grundmuster str.

NÄCHSTE REIHEN Im Grundmuster weiterstr bis zu einer Gesamthöhe von 37/38/39,5 cm; mit einer 4. R des Grundmusters enden.

Armausschnittblenden

HINWEIS Unter den Armen vor dem Abketten für die Armausschnitte jeweils ca. 2,5 cm im Rippenmuster str: So stricken Sie die Blenden um die Armausschnitte gleich mit an und müssen später keine M aufnehmen. Das Rippenmuster setzt sich entlang des vertikalen Armausschnittes nach oben fort und schließt die Armausschnitte dekorativ ab.

1. REIHE 1 M re (Rand-M), * 1 M re, 1 M li; ab * fortlfd wdh über die nächsten 18/20/22 M.

Im Grundmuster weiterstr bis zu den letzten 18/20/22 M.

* 1 M li, 1 M re; ab * fortlfd wdh bis R-Ende. Sie haben nun einschließlich der Rand-M am Beginn der Hin-R 19/21/23 M und am Ende der Hin-R 18/20/22 M im Rippenmuster.

HINWEIS Die R endet mit 1 M re.

NÄCHSTE REIHEN In der vorgegebenen Mustereinteilung weiterstr bis zu einer Gesamthöhe von 39,5/40,5/42 cm.

Maschen abketten für die Armausschnitte

HINWEIS Damit das Grundmuster symmetrisch bleibt und auf der Vorderseite neben der 1 M re, 1 M li gestrickten Armausschnittblende jeweils mit 1 M re beginnt bzw. endet, ketten Sie auf der linken Seite 1 M mehr ab als auf der rechten.

1. REIHE (HIN-R) 13/15/17 M im Rippenmuster abk.

Auf der rechten Nd liegt nun 1 M re für die Armausschnittblende.

* 1 M li, 1 M re; ab * noch 1 x wdh, 1 M li (= 6 M für die Armausschnittblende auf der rechten Nd).

In der vorgegebenen Mustereinteilung weiterstr bis R-Ende.

2. REIHE 12/14/16 M im Rippenmuster abk (= 1 li M auf der rechten Nd).

* 1 M re, 1 M li; ab * noch 1 x wdh, 1 M re (= 6 M für die Armausschnittblende auf der rechten Nd).

Im Grundmuster str bis zu den letzten 6 M, dann im eingeteilten Rippenmuster str bis R-Ende (= 91/97/105 M).

Die M sind damit so aufgeteilt, dass in allen Größen 79/85/93 M beidseitig von 6 M im Rippenmuster flankiert werden.

3. UND 4. REIHE In der vorgegebenen Mustereinteilung str bis R-Ende; enden mit einer 4. R des Grundmusters.

Abnahmen für die Armausschnitte

1. REIHE * 1 M re, 1 M li; ab * noch 2 x wdh, 2 M re verschr zus-str, im Grundmuster str bis zu den letzten 8 M, 2 M re zus-str, ** 1 M li, 1 M re; ab ** noch 2 x wdh (= 2 M insgesamt abgenommen).

2.–4. REIHE 3 R in der vorgegebenen Mustereinteilung str.

5.–24. REIHE Die 1.–4. R noch 5 x wdh (= 79/85/93 M).

NÄCHSTE REIHEN In der vorgegebenen Mustereinteilung str bis zu einer Gesamthöhe von 58,5/59,5/61 cm; mit einer 4. R des Grundmusters enden.

Halsausschnittblende

Mit Hilfsfaden oder Markierungsringen die mittleren 41/43/47 M markieren.

1. REIHE In der vorgegebenen Mustereinteilung str bis zu den markierten M.

Über die mittleren M für den hinteren Halsausschnitt 20/21/23 x [1 M li, 1 M re] und zuletzt 1 M li str.

In der vorgegebenen Mustereinteilung str bis R-Ende.

2.–4. REIHE Weiterstr, wie in der 1. R eingeteilt (d.h. die mittleren Halsausschnitt-M im Rippenmuster weiterstr) bis zu einer Gesamthöhe von 61/62/63,5 cm; mit einer 4. R des Grundmusters enden.

79/85/93 M auf einem Maschenraffer stilllegen.

Anleitung für das Vorderteil

Bis zu einer Gesamthöhe von 53,5/54,5/56 cm str wie das Rückenteil; mit einer 4. R des Grundmusters enden.

Halsausschnittblende

Die mittleren 41/43/47 M vorübergehend mit einem Hilfsfaden oder mit Markierungsringen markieren.

1. REIHE In der vorgegebenen Mustereinteilung str bis zu den markierten M.

Über die mittleren M für den vorderen Halsausschnitt 20/21/23 x [1 M li, 1 M re] und zuletzt 1 M li str.

In der vorgegebenen Mustereinteilung str bis R-Ende.

2.–4. REIHE Weiterstr, wie in der 1. R eingeteilt (d.h. die mittleren Halsausschnitt-M im Rippenmuster weiterstr) bis zu einer Gesamthöhe von 56/57/58,5 cm; mit einer 4. R des Grundmusters enden.

5. REIHE Über die ersten 25/27/29 M in der vorgegebenen Mustereinteilung str.

Die eben gestrickten M für die linke Seite des Vorderteils auf einem Maschenraffer stilllegen.

In der vorgegebenen Mustereinteilung für den vorderen Halsausschnitt 29/31/35 M abk.

HINWEIS Die M, die nach dem Abk der mittleren Halsausschnitt-M auf der Nd bleibt, wird zur 1. M re für das Rippenmuster auf der rechten Seite des Halsausschnitts.

In der vorgegebenen Mustereinteilung weiterstr bis R-Ende (= 25/27/29 M für die rechte Seite des Vorderteils).

NÄCHSTE REIHEN Nur über die M für die rechte Seite des Vorderteils in der vorgegebenen Mustereinteilung mit 6 M im Rippenmuster an beiden Enden der Nd weiterstr, bis das Vorderteil auf dieser Seite ca. 0,5 cm niedriger ist als das Rückenteil; mit einer 2. R des Grundmusters enden. Die M für die rechte Seite des Vorderteils auf einem Maschenraffer stilllegen.

Die M für die linke Seite des Vorderteils auf die Nd nehmen. Von der linken Seite der Arbeit den Faden an der Seite des Halsausschnitts anschlingen und in der vorgegebenen Mustereinteilung weiterstr, wie bei der rechten Seite des Vorderteils beschrieben, bis die linke Seite ebenso hoch ist wie die rechte; mit einer 2. R des Grundmusters enden.

Fertigstellung

Die 25/27/29 Schulter-M der linken Seite des Vorderteils und des Rückenteils mit 3 Nd zus abk (siehe Seite 177).

Die mittleren 29/31/35 Halsausschnitt-M des Rückenteils abk.

Die 25/27/29 M für die rechte Seite des Vorderteils wieder auf eine Nd übertragen und mit den entsprechenden M des Rückenteils zus abk.

Die Seitennähte schließen. Alle Fadenenden vernähen. Den Pullunder evtl. spannen, anfeuchten und trocknen lassen.

Rippenmuster: Beginn mit 2 rechten Maschen

Bei diesem Pullunder, aber auch bei anderen Modellen in diesem Buch wird für das Rippenmuster 1 M re, 1 M li eine gerade M-Zahl angeschlagen, doch die Anleitung beginnt mit 2 M re. Die erste und die letzte glatt re gestrickte M jeder R gelten als Rand-M, die nach dem Zusammennähen in der Naht verschwinden. Der sichtbare Teil des Rippenmusters von Vorder- und Rückenteil beginnt mit 1 M re und endet mit 1 M li, sodass das Muster sich nach dem Zusammennähen über die Naht hinweg übergangslos fortsetzt.

[Er hat meine Eltern kennengelernt]

Pullunder MIT HAHNENTRITT-MUSTER

WENN IHRE BEZIEHUNG bis zum Grad gegenseitiger Familienbesuche gediehen ist und Ihr Liebster Ihre Verwandtschaft kennengelernt hat, können Sie die nächste stricktechnische Herausforderung annehmen. Für Ärmel ist es noch zu früh, aber ein Pullunder mit zweifarbigem Jacquardmuster und angestrickten Blenden verlangt auch schon einige Hingabe.

Dieser Pullunder wird mit einem raffinierten, zweifarbigen Hahnentrittmuster gestrickt. Die dunklere Farbe wird auch für die Bündchen und Blenden am V-Ausschnitt und an den Armausschnitten verwendet. Beim zweifarbigen Stricken führen Sie den nicht gebrauchten Faden locker auf der Rückseite mit, damit die Arbeit sich nicht wirft. Denken Sie daran, dass sich Jacquardgestrick etwas zusammenzieht und dichter wird als gewohnt, sodass Sie etwas mehr Maschen auf 10 cm brauchen als beim einfarbigen Stricken.

GARN

Merinowollgarn (100 % Merinowolle; LL ca. 120 m/50 g; Maschenprobe gemäß Garnbanderole: 22 M mit Nd Nr. 4 = 10 x 10 cm) in folgenden Mengen und Farben: 250/250/300 g in Indigoblau (Fb A) und 200/200/250 g in Violett (Fb B)

NADELN UND ZUBEHÖR

- Stricknadel Nr. 3,5 und 4
- Rundstricknadel Nr. 3,5 (40 cm lang)
- Maschenraffer
- Wollnadel oder Sticknadel ohne Spitze

GRÖSSE

- Oberweite 99/106,5/114,5 cm
- Das abgebildete Originalmodell hat eine Oberweite von 99 cm.
- Die Angaben für die verschiedenen Größen sind durch Schrägstriche voneinander getrennt. Steht nur eine Angabe, so gilt sie für alle drei Größen.

MASCHENPROBE

28 M und 29 R mit Nd Nr. 4 im Hahnentrittmuster gestrickt = 10 x 10 cm

ABKÜRZUNGEN

- 1 M zun = 1 Masche aus dem Querfaden zunehmen (siehe Seite 181)
- 2 M re verschr zus-str = 2 M nacheinander einzeln abh und re verschr zus-str
- MR = Markierungsring

Anleitung für das Rückenteil

Bündchen

MASCHENANSCHLAG 138/146/158 M mit Fb A und Nd Nr. 3,5 anschl.

HINWEIS Schlagen Sie die Maschen an, wie auf Seite 175 für Rippenmuster empfohlen, und beachten Sie den Kasten auf Seite 107.

1. UND 2. REIHE Im Rippenmuster str.

NÄCHSTE REIHEN Im Rippenmuster weiterstr, bis das Bündchen 5 cm hoch ist.

Körper

Zu Nd Nr. 4 wechseln.

1.–4. REIHE Fb B anschlingen und das Hahnentrittmuster in Jacquardtechnik str (siehe Seite 115).

NÄCHSTE REIHEN Im Hahnentrittmuster weiterstr bis zu einer Gesamthöhe von 34,5 cm; mit einer 4. R des Musters enden.

Maschen abketten für die Armausschnitte

Am Beginn der nächsten 2 R jeweils 7/9/13 M abk (= 124/128/132 M).

Abnahmen für die Armausschnitte

HINWEIS Arbeiten Sie weiter beidseitig 1 Rand-M in Fb A und die M dazwischen im eingeteilten Hahnentrittmuster.

1. REIHE 1 M re in Fb A, 2 M re verschr zus-str (Fb mustergemäß), im Hahnentrittmuster weiterstr bis zu den letzten 3 M, 2 M re zus-str (Fb mustergemäß), 1 M re in Fb A (= 2 M abgenommen).

2. REIHE 1 M li in Fb A, im Hahnentrittmuster weiterstr bis zur letzten M, 1 M li in Fb A.

NÄCHSTE REIHEN Diese 2 R noch 12/13/14 x wdh (= 98/100/102 M).

Im Hahnentrittmuster mit Rand-M in Fb A weiterstr bis zu einer Gesamthöhe von 59,5/61/62 cm; mit einer 3. R des Hahnentrittmusters enden.

Strick-muster

Rippenmuster

M-Zahl teilbar durch 2.

1. REIHE (HIN-R) 2 M re, * 1 M li, 1 M re; ab * fortlfd wdh bis R-Ende.

2. REIHE (RÜCK-R) * 1 M li, 1 M re; ab * fortlfd wdh bis zu den letzten 2 M, 2 M li.

Die 1. und 2. R stets wdh.

Strick-muster

Hahnentrittmuster

M-Zahl teilbar durch 4 + 2 Rand-M.

1. REIHE 1 M re in Fb A (= Rand-M), 1 M re in Fb A, * 1 M re in Fb B, 3 M re in Fb A; ab * fortlfd wdh bis zu den letzten 4 M, 1 M re in Fb B, 2 M re in Fb A, 1 M re in Fb A (= Rand-M).

2. REIHE 1 M li in Fb A (= Rand-M), * 3 M li in Fb B, 1 M li in Fb A; ab * fortlfd wdh bis zur letzten M, 1 M li in Fb A (= Rand-M).

3. REIHE 1 M re in Fb A (= Rand-M), * 3 M re in Fb B, 1 M re in Fb A; ab * fortlfd wdh bis zur letzten M, 1 M re in Fb A (= Rand-M).

4. REIHE 1 M li in Fb A (= Rand-M), 1 M li in Fb A, * 1 M li in Fb B, 3 M li in Fb A; ab * fortlfd wdh bis zu den letzten 4 M, 1 M li in Fb B, 2 M li in Fb A, 1 M li in Fb A (= Rand-M).

Die 1.–4. R stets wdh.

Jeweils 27 M auf beiden Seiten für die Schultern auf separaten Maschenraffern stilllegen und 44/46/48 M für den hinteren Halsausschnitt auf einem anderen Maschenraffer stilllegen.

Anleitung für das Vorderteil

Bis nach den Abn für die Armausschnitte str, wie beim Rückenteil beschrieben; mit einer 4. R des Hahnentrittmusters enden (= 98/100/102 M).

Von den Abkett-R aus gemessen sind die Armausschnitte nun ca. 10/10/11,5 cm hoch.

Linke Seite des vorderen Halsausschnitts

1. REIHE (HIN-R) 1 M re in Fb A, 45/46/47 M re im eingeteilten Hahnentrittmuster.

2 M re zus-str (Fb mustergemäß), 1 M re in Fb A. Die restlichen 49/50/51 M für das rechte Vorderteil auf einem Maschenraffer stilllegen.

2. REIHE 1 M li in Fb A, im Hahnentrittmuster weiterstr bis zur letzten M, 1 M li in Fb A.

3. REIHE 1 M re in Fb A, im Hahnentrittmuster weiterstr bis zu den letzten 3 M, 2 M re zus-str, 1 M re in Fb A.

4. REIHE 1 M li in Fb A, im Hahnentrittmuster weiterstr bis zur letzten M, 1 M li in Fb A.

NÄCHSTE REIHEN Die 3. und 4. R noch 20/21/22 x wdh (= 27 M in allen Größen).

Falls notwendig, ohne Abn weiterstr, bis die linke Seite des Vorderteils ebenso hoch ist wie das Rückenteil; mit einer 2. R des Hahnentrittmusters enden. Die Schulter-M auf einem Maschenraffer stilllegen.

Rechte Seite des vorderen Halsausschnitts

49/50/51 M vom Maschenraffer auf die Nd Nr. 4 übertragen.

Beide Fäden von der rechten Seite der Arbeit anschlingen, sodass Sie mit einer Hin-R fortfahren können.

1. REIHE 1 M re in Fb A, 2 M re verschr zus-str (Fb mustergemäß), im Hahnentrittmuster str bis zur letzten M, 1 M re in Fb A.

2. REIHE 1 M li in Fb A, im Hahnentrittmuster str bis zur letzten M, 1 M li in Fb A.

NÄCHSTE REIHEN Die 1. und 2. R noch 21/22/23 x wdh (= 27 M in allen Größen)

Falls notwendig, ohne Abn weiterstr, bis die linke Seite des Vorderteils ebenso hoch ist wie das Rückenteil; mit einer 2. R des Hahnentrittmusters enden. Die Schulter-M auf einem Maschenraffer stilllegen.

Die 27 Schulter-M der rechten Seite des Vorderteils durch Abk mit 3 Nd (siehe Seite 177–178) mit den entsprechenden M des Rückenteils verbinden. Die Schulter-M der linken Seite des Vorderteils wieder auf die Nd nehmen und ebenso mit den entsprechenden M des Rückenteils verbinden.

Halsausschnittblende

HINWEIS Die Halsausschnittblende wird im Rippenmuster (1 M re, 1 M li) mit der Rundstrick-Nd gearbeitet. Damit eine dekorative Abn in der vorderen Mitte entsteht, muss die vordere Mittel-M eine re M sein.

BEGINN Mit der Rundstrick-Nd und Fb A von der Halsausschnitt-Seite der linken Schulternaht aus entlang der linken Vorderseite 38/40/42 M aufnehmen und re str.

Zwischen den 2 M in der vorderen Mitte (dort, wo sich das Vorderteil für den V-Ausschnitt teilt) 1 M aus dem Querfaden zun und diese M mit einem Markierungsring, einer Fadenschlinge oder einer Sicherheits-Nd markieren. (Achtung! MR nicht auf die Nd hängen!)

Entlang der rechten Kante des Halsausschnitts 37/39/41 M aufnehmen und re str.

Die stillgelegten 44/46/48 M des rückwärtigen Halsausschnitts wieder auf eine Nd nehmen und re str (= 120/126/132 M).

Die Arbeit zur Rd schließen und den Rd-Beginn mit 1 MR markieren.

1. RUNDE Im Rippenmuster str wie folgt: * 1 M re, 1 M li; ab * fortlfd wdh bis zur markierten M in der vorderen Mitte, 1 M re (= Mittel-M), ** 1 M li, 1 M re; ab ** fortlfd wdh bis zur letzten M, enden mit 1 M li.

2. RUNDE Im eingeteilten Rippenmuster bis 1 M vor der markierten Mittel-M str, 2 M wie zum re Zusammenstricken abh, 1 M li, die 2 abgehobenen M überziehen, dann im eingeteilten Rippenmuster weiterstr bis Rd-Ende (= 2 M abgenommen).

3. RUNDE Im eingeteilten Rippenmuster str bis zur markierten Mittel-M, 1 M re (= Mittel-M), im eingeteilten Rippenmuster weiterstr bis Rd-Ende.

NÄCHSTE RUNDEN Die 2. und 3. Rd noch 1 x wdh, dann die 2. Rd noch 1 x wdh. Damit sind 6 Rd im Rippenmuster gestrickt (= 114/120/126 M).

Alle M im Rippenmuster abk.

Armausschnittblenden

Die Seitennähte schließen. An einer Seitennaht beginnend mit der Rundstrick-Nd rund um den Armausschnitt 140/150/160 M aufnehmen und re str.

Die Arbeit zur Rd schließen und den Rd-Beginn mit 1 MR markieren.

1. RUNDE Im Rippenmuster str wie folgt: * 1 M re, 1 M li; ab * fortlfd wdh bis Rd-Ende.

NÄCHSTE RUNDEN Die 1. Rd noch 5 x wdh (= 6 Rd im Rippenmuster).

Alle M im Rippenmuster abk.

Fertigstellung

Alle Fadenenden vernähen. Den Pullunder spannen, anfeuchten und trocknen lassen.

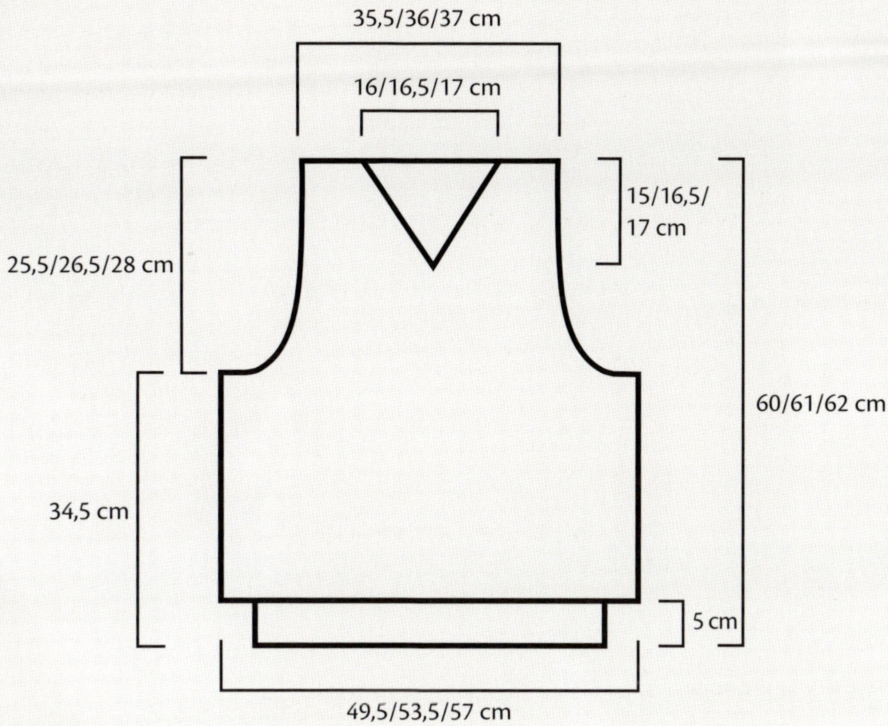

Farbwechsel in Jacquardtechnik

Beim Farbwechsel in einer Hin-R legen Sie den Faden in der neuen Fb (hier hell) über den in der alten Fb (hier dunkel) und stricken dann die nächste M (Abb. 1). Ziehen Sie die M auf der Nd etwas auseinander, damit die Spannfäden auf der Rückseite das Gestrick nicht zusammenziehen.

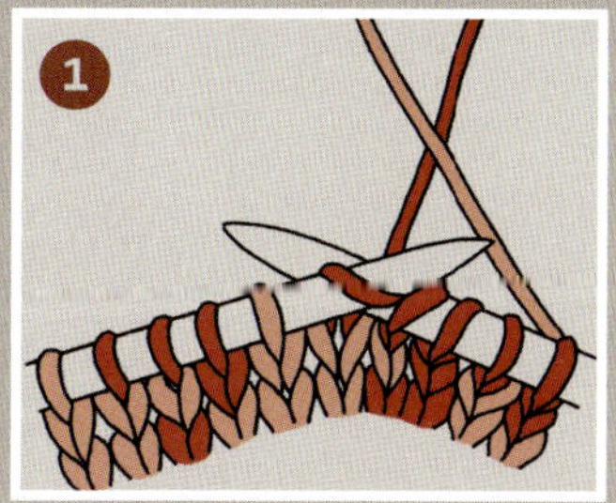

Beim Farbwechsel in einer Rück-R lassen Sie den Faden in der alten Fb (hier dunkel) hängen, nehmen den in der neuen Fb (hier hell) auf und stricken die nächste M links (Abb. 2). Auch hier müssen Sie die M leicht auseinanderziehen, um Wellen im Gestrick zu vermeiden.

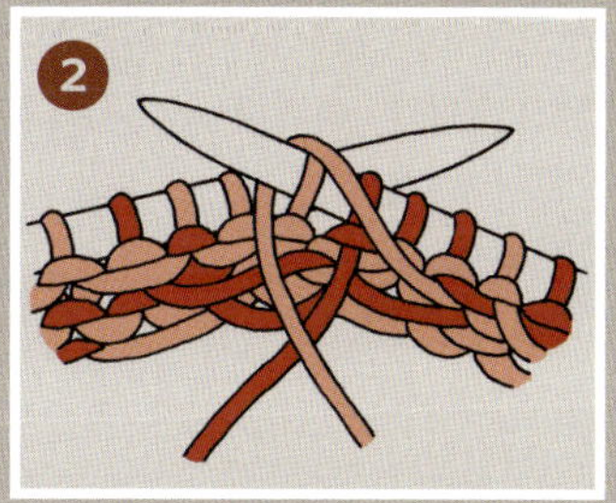

[Er hat mich seinen Eltern vorgestellt]

Weste MIT REISSVERSCHLUSS

WENN IHR FREUND NICHT VÖLLIG AUS DER ART SCHLÄGT, ist es für ihn etwas ganz Besonderes, Sie zu seiner Familie mitzunehmen. Ihre Freunde und Ihre Familie kennenzulernen bereitet vielen Männern kaum Kopfzerbrechen über den Stand Ihrer Beziehung, aber ein Besuch bei seiner eigenen Familie ist ein weiterer Meilenstein.

Diese Weste wird bis zu den Armausschnitten in einem Stück in hin- und hergehenden Reihen gearbeitet und dann geteilt, sodass Rücken- und Vorderteile separat beendet werden können. Für den schlichten Rollrand werden Maschen aus den Armausschnitten und den Vorderkanten aufgenommen. Beginnen Sie das Taillenbündchen mit einer ungeraden Maschenzahl, damit es beidseitig der vorderen Mitte symmetrisch erscheint, und nehmen Sie vor dem Grundmuster auf eine gerade Maschenzahl ab.

GARN

450/500/550 g Wollgarn (100 % Wolle; LL ca. 100 m/ 50 g; Maschenprobe gemäß Garnbanderole: 18–20 M mit Nd Nr. 4,5–5 = 10 cm breit) in Ziegelrot

NADELN UND ZUBEHÖR

- Rundstricknadeln Nr. 4 und 5 (80 cm lang)
- Rundstricknadel Nr. 4 (40 cm lang) für die Armausschnittblenden
- Maschenraffer
- Markierungsringe
- Hilfsnadel
- Wollnadel oder Sticknadel ohne Spitze
- Nähnadel
- Reißverschluss (35,5 cm lang)
- Heftgarn
- Nähgarn, farblich passend

GRÖSSE

- Oberweite 96,5/107/118 cm
- Das abgebildete Originalmodell hat eine Oberweite von 107 cm.
- Die Angaben für die verschiedenen Größen sind durch Schrägstriche voneinander getrennt. Steht nur eine Angabe, so gilt sie für alle drei Größen.

MASCHENPROBE

22 M und 28 R mit Nd Nr. 5 im Rhombenmuster gestrickt = 10 x 10 cm

ABKÜRZUNGEN

- 1 re M rvkr = 1 rechte Masche nach rechts verkreuzen: Die 1. M übergehen, mit der rechten Nd vor der Arbeit die 2. M re str und auf der linken Nd lassen, die 1. M re str, beide M von der Nd gleiten lassen
- 1 re M lvkr = 1 rechte Masche nach links verkreuzen: Die 1. M übergehen, mit der rechten Nd hinter der Arbeit die 2. M re str und auf der linken Nd lassen, die 1. M re str, beide M von der Nd gleiten lassen
- 1 li M rvkr = 1 linke Masche nach rechts verkreuzen: Die 1. M übergehen, mit der rechten Nd vor der Arbeit die 2. M re str und auf der linken Nd lassen, die 1. M li str, beide M von der Nd gleiten lassen
- 1 li M lvkr = 1 linke Masche nach links verkreuzen: Die 1. M übergehen, mit der rechten Nd hinter der Arbeit die 2. M li verschr str und auf der linken Nd lassen, die 1. M re str, beide M von der Nd gleiten lassen
- MR = Markierungsring(e)

Rippenmuster

Strick-
muster

Ungerade M-Zahl.

1. REIHE (HIN-R) 2 M re, * 1 M li, 1 M re; ab * fortlfd wdh bis zu den letzten 3 M, enden mit 1 M li, 2 M re.

2. REIHE (RÜCK-R) 2 M li, * 1 M re, 1 M li; ab * fortlfd wdh bis zu den letzten 3 M, enden mit 1 M re, 2 M li.

Die 1. und 2. R stets wdh.

Diamond Pattern Stitch

Strick-
muster

M-Zahl teilbar durch 12 + 4 M.

HINWEIS: Beachten Sie dazu auch die Strickschrift auf Seite 119.

1. REIHE (HIN-R) 1 M re (= Rand-M), 1 M li, 1 M re, * 10 M li, 1 re M rvkr; ab * fortlfd wdh bis zu den letzten 13 M, enden mit 10 M li, 1 M re, 1 M li, 1 M re.

2. REIHE UND ALLE FOLGENDEN RÜCK-R Alle M str, wie sie erscheinen.

3. REIHE 1 M re, 1 M li, 1 li M lvkr, * 8 M li, 1 li M rvkr, 1 li M lvkr; ab * fortlfd wdh bis zu den letzten 12 M, enden mit 8 M li, 1 li M rvkr, 1 M li, 1 M re.

5. REIHE 1 M re, 2 M li, * 1 li M lvkr, 6 M li, 1 M rvkr, 2 M li; ab * fortlfd wdh bis zur letzten M, enden mit 1 M re.

7. REIHE 1 M re, 2 M li, * 1 M li, 1 li M lvkr, 4 M li, 1 li M rvkr, 3 M li; ab * fortlfd wdh bis zur letzten M, enden mit 1 M re.

9. REIHE 1 M re, 2 M li, *Ü 2 M li, 1 li M lvkr, 2 M li, 1 li M rvkr, 4 M li; ab * fortlfd wdh bis zur letzten M, enden mit 1 M re.

11. REIHE 1 M re, 2 M li, * 3 M li, 1 li M lvkr, 1 li M rvkr, 5 M li; ab * fortlfd wdh bis zur letzten M, enden mit 1 M re.

13. REIHE 1 M re, 2 M li, * 4 M li, 1 re M lvkr, 6 M li; ab * fortlfd wdh bis zur letzten M, enden mit 1 M re.

15. REIHE 1 M re, 2 M li, * 3 M li, 1 li M rvkr, 1 li M lvkr, 5 M li; ab * fortlfd wdh bis zur letzten M, enden mit 1 M re.

17. REIHE 1 M re, 2 M li, * 2 M li, 1 li M rvkr, 2 M li, 1 li M lvkr, 4 M li; ab * fortlfd wdh bis zur letzten M, enden mit 1 M re.

19. REIHE 1 M re, 2 M li, * 1 M li, 1 li M rvkr, 4 M li, 1 li M lvkr, 3 M li; ab * fortlfd wdh bis zur letzten M, enden mit 1 M re.

21. REIHE 1 M re, 2 M li, * 1 li M rvkr, 6 M li, 1 li M lvkr, 2 M li; ab * fortlfd wdh bis zur letzten M, enden mit 1 M re.

23. REIHE 1 M re, 1 M li, 1 li M rvkr, * 8 M li, 1 li M lvkr, 1 li M rvkr; ab * fortlfd wdh bis zu den letzten 12 M, enden mit 8 M li, 1 li M lvkr, 1 M li, 1 M re.

24. REIHE Alle M str, wie sie erscheinen.

Anleitung für Vorder- und Rückenteil

Bündchen

MASCHENANSCHLAG Mit der dünneren Rundstrick-Nd 209/233/257 M anschl.

1. UND 2. REIHE Im Rippenmuster str.

NÄCHSTE REIHEN Im Rippenmuster weiterstr bis zu einer Bündchenhöhe von 6,5 cm; mit einer Hin-R enden. Zur dickeren Nd wechseln.

Vorder- und Rückenteil

GRUNDREIHE (RÜCK-R) 1 M li, 1 M re, 1 M li, * 10 M re, 2 M li; ab * noch 8/9/10 x wdh.

5 M re, 2 M re zus-str, 4 M re, 2 M li, **10 M re, 2 M li; ab ** noch 7/8/9 x wdh.

10 M re, 1 M li, 1 M re, 1 M li (= 208/232/256 M).

NÄCHSTE REIHEN Die 1.–24. R des Rhombenmusters 3 x str, dann die 1.–12. R noch 1 x wdh (= 84 Rhombenmuster-R insgesamt bzw. 37 cm Gesamthöhe).

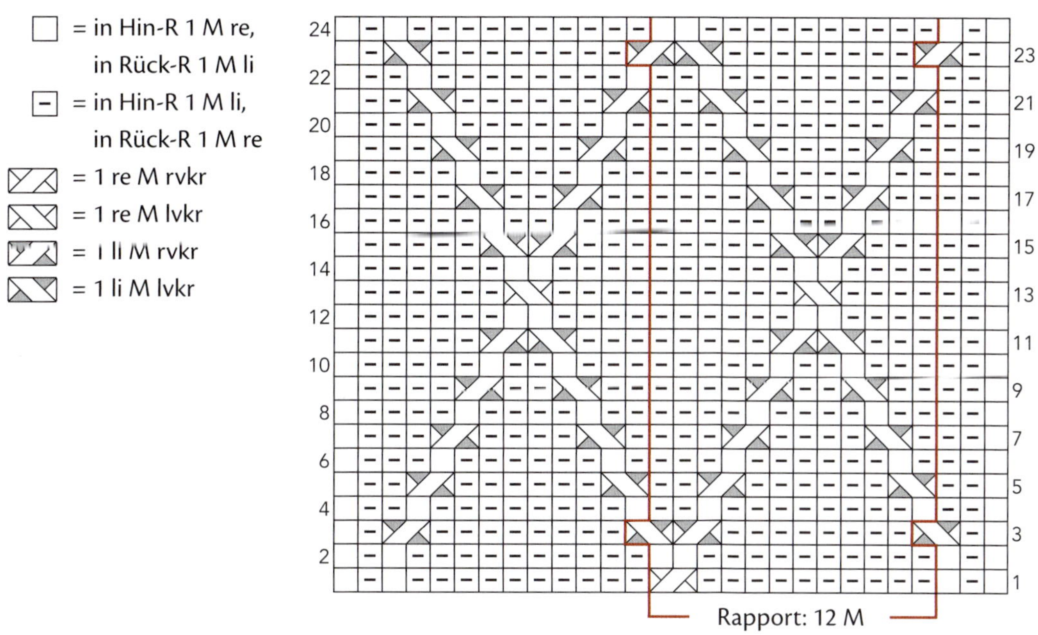

Aufteilung in Rückenteil und Vorderteile

56/62/70 M in der vorgegebenen Mustereinteilung str.

Von den eben gestrickten M 44/50/54 M für das rechte Vorderteil auf einem Maschenraffer stilllegen, 12/12/16 M für den rechten Armausschnitt auf einem 2. Maschenraffer stilllegen.

Die nächsten 96/108/116 M für das Rückenteil in der vorgegebenen Mustereinteilung str.

56/62/70 M für das linke Vorderteil und den linken Armausschnitt auf einem 3. Maschenraffer stilllegen.

Für das Rückenteil haben Sie nun 96/108/116 M.

Rückenteil

HINWEIS Beachten Sie die Angaben zum mustergemäßen Abnehmen an Armausschnitten und V-Ausschnitt mit 2 M Abstand zum Rand (Seite 126/127).

1. REIHE (RÜCK-R) In der vorgegebenen Mustereinteilung str.

NÄCHSTE REIHEN (BEGINN MIT 1 HIN-R) Beidseitig 8/9/10 x 1 M abn (= 80/90/96 M).

NÄCHSTE REIHEN In der vorgegebenen Mustereinteilung weiterstr bis zu einer Gesamthöhe von 63,5/63,5/67,5 cm.

Mit einer 12./12./24. R des Rhombenmusters enden.

Die restlichen M auf 3 Maschenraffer verteilen wie folgt:

21/24/26 M für die eine Schulter

38/42/44 M für den hinteren Halsausschnitt

21/24/26 M für die andere Schulter

Rechtes Vorderteil

HINWEIS Beachten Sie die Angaben zum mustergemäßen Abnehmen an Armausschnitten und V-Ausschnitt mit 2 M Abstand zum Rand (Seite 126/127). Die Abn für Arm- und V-Ausschnitt werden gleichzeitig gearbeitet. Lesen Sie die komplette Anleitung vor Arbeitsbeginn durch, damit Ihnen kein Fehler unterläuft.

BEGINN Die 44/50/54 M für das rechte Vorderteil auf die dickere Rundstrick-Nd übertragen.

Die M für den rechten Armausschnitt auf dem Maschenraffer lassen. Den Faden von der linken Seite der Arbeit anschlingen.

1. REIHE 1 Rück-R in der vorgegebenen Mustereinteilung str.

NÄCHSTE REIHEN (BEGINN MIT 1 HIN-R) Für den Armausschnitt 8/9/10 x in jeder Hin-R am Nd-Ende 1 M abn.

Gleichzeitig in derselben Hin-R wie die Abn für den Armausschnitt beginnend 15/17/18 x in jeder 2. Hin-R am Nd-Beginn 1 M abn.

Nach der letzten Abn bleiben 21/24/26 M übrig.

NÄCHSTE REIHEN In der vorgegebenen Mustereinteilung ohne Abn weiterstr, bis diese Seite dieselbe Höhe wie das Rückenteil erreicht hat; mit einer 11./11./23. R des Rhombenmusters (= Hin-R) enden.

Die M für die rechte Schulter auf einem Maschenraffer stilllegen.

Linkes Vorderteil

HINWEIS Beachten Sie die Angaben zum mustergemäßen Abnehmen an Armausschnitten und V-Ausschnitt mit 2 M Abstand zum Rand (Seite 126/127). Die Abn für Arm- und V-Ausschnitt werden gleichzeitig gearbeitet. Lesen Sie die komplette Anleitung vor Arbeitsbeginn durch, damit Ihnen kein Fehler unterläuft.

BEGINN Die 56/62/70 M für das linke Vorderteil auf die dickere Rundstrick-Nd übertragen.

Den Faden von der rechten Seite der Arbeit anschlingen und 12/12/16 M für den linken Armausschnitt in der vorgegebenen Mustereinteilung str, dann diese M auf einem Maschenraffer stilllegen.

1. UND 2. REIHE 2 R über 44/50/54 M für das linke Vorderteil in der vorgegebenen Mustereinteilung str.

NÄCHSTE REIHEN (BEGINN MIT 1 HIN-R) Für den Armausschnitt 8/9/10 x in jeder Hin-R am Nd-Beginn 1 M abn.

Gleichzeitig in derselben Hin-R wie die Abn für den Armausschnitt beginnend 15/17/18 x in jeder 2. Hin-R am Nd-Ende 1 M abn.

Nach der letzten Abn bleiben 21/24/26 M übrig.

NÄCHSTE REIHEN In der vorgegebenen Mustereinteilung ohne Abn weiterstr, bis diese Seite dieselbe Höhe wie das Rückenteil erreicht hat; mit einer 11./11./23. R des Rhombenmusters (= Hin-R) enden.

Die M für die linke Schulter auf einem Maschenraffer stilllegen.

Schultern verbinden

Das Strickteil spannen, anfeuchten und trocknen lassen.

Die Schulter-M des rechten bzw. linken Vorderteils durch Abk mit 3 Nd (siehe S. 178) mit den entsprechenden M des Rückenteils verbinden.

Fertigstellung

Armausschnittblenden

BEGINN Von einem der Maschenraffer 12/12/16 M auf die kürzere Rundstrick-Nd übertragen.

Von der rechten Seite der Arbeit den Faden am Ende dieser M anschlingen. Rund um den Armausschnitt 132/132/144 M aufnehmen und re str (= 144/144/160 M).

Die Arbeit zur Rd schließen und den Rd-Beginn mit einem MR kennzeichnen.

NÄCHSTE RUNDEN 6 Rd glatt re str. Alle M locker abk. Die Blende für den anderen Armausschnitt genauso str.

Ausschnittblende

BEGINN Mit der längeren, dünneren Rundstrick-Nd von der rechten Seite der Arbeit an der Unterkante des rechten Vorderteils beginnend bis zur rechten Schulter 131/132/139 M aufnehmen und re str.

Die 38/42/44 M des hinteren Halsausschnitts auf die Nd übertragen.

Jeweils über den 2 M re (letzte Verkreuzung) des Musters Abn arb wie folgt, damit sich der Halsausschnitt nicht dehnt:

1. und 2. Größe (Oberweite 96,5 bzw. 107 cm)

* bis 1 M vor den 2 M re str, 2 M auf einer Hilfs-Nd vor die Arbeit legen, 2 M re zus-str (= verbleibende M des 2-M-re-Paares + folgende M), die 2 M der Hilfs-Nd re verschr zus-str; ab * so oft wie nötig wdh, re M str bis zum Ende des hinteren Halsausschnitts (= 294/300 M)

3. Größe (Oberweite 118 cm)

* Re M str bis 1 M vor den 2 M re, 2 M auf einer Hilfs-Nd hinter die Arbeit legen, 2 M re zus-str (= verbleibende M des 2-M-re-Paares + folgende M), die 2 M der Hilfs-Nd re verschr zus-str; ab * so oft wie nötig wdh, re M str bis zum Ende des hinteren Halsausschnitts (= 314 M).

NÄCHSTE REIHE 9 R glatt re str. Alle M locker abk.

Reißverschluss einsetzen

Den Reißverschluss mit Nähnadel und Heftgarn so einheften, dass das untere Ende mit der Unterkante der Weste übereinstimmt und die Nählinie auf dem Trägerband auf der Reihe der Maschen verläuft, die für die vordere Blende aufgenommen wurden. Den Reißverschluss mit farblich passendem Garn einnähen; dabei so nah wie möglich an den Reißverschlusszähnen nähen, ohne sie mit den Stichen zu erfassen.

Reißverschlussblenden (2 x arb)

Mit der dickeren Nd 4 M anschl und glatt re str, bis die Blende leicht gedehnt genauso lang ist wie das Trägerband des Reißverschlusses. Die M abk. Den schmalen Streifen auf der Innenseite der Weste über das Reißverschlussband stecken. Achten Sie auf genügend Abstand zu den Zähnchen, damit sie sich nicht in den Maschen der Blende verfangen können. Die Vorderkante des Blendenstreifens mit Nähgarn und Nähnadel an das Trägerband des Reißverschlusses nähen, dann die andere Blendenkante mit Strickgarn und Wollnadel an der Innenseite der Weste annähen.

Alle Fadenenden vernähen.

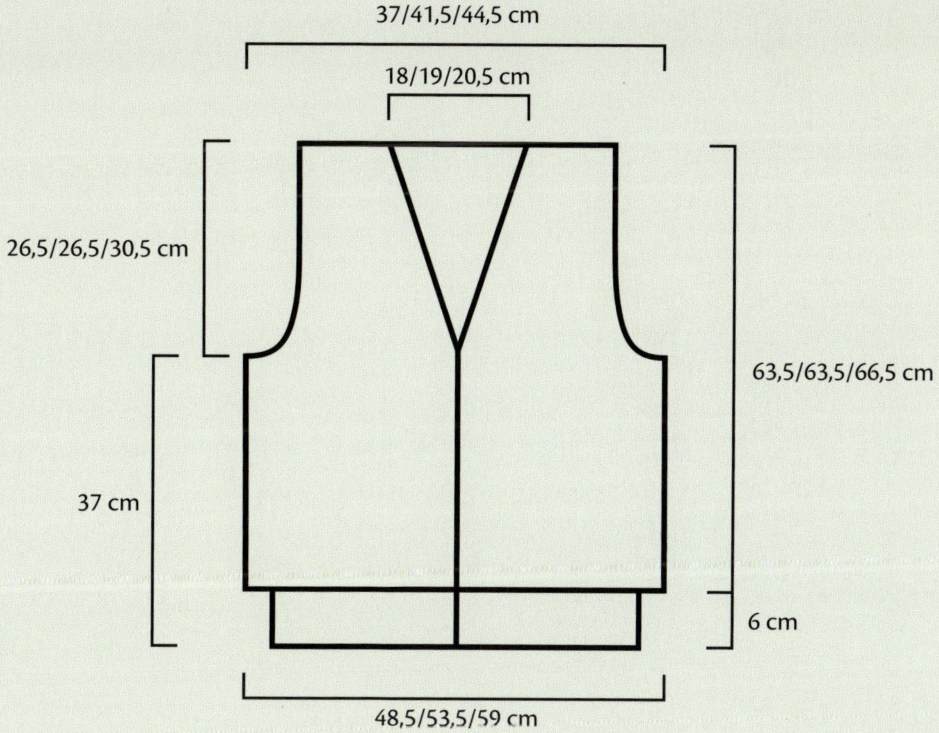

Mustergemäße Abnahmen für Armausschnitte und V-Ausschnitt

Weil beim Muster dieser Weste die rechten Maschen kreuz und quer über das Gestrick verlaufen, können Sie die Abnahmen nicht ohne weiteres arbeiten, wie bei glatt rechtem Gestrick. Hier finden Sie einige Tipps, wie Sie die Abnahmen ins Muster integrieren können, sodass Ihr Modell perfekt gelingt.

Behalten Sie bei Hals- und Armausschnitten durchweg die beiden Randmaschen am Reihenbeginn und -ende bei: In Hinreihen erscheinen sie als 1 M re, 1 M li am Reihenbeginn und als 1 M li, 1 M re am Reihenende. In den Abnahmereihen nehmen Sie jeweils über der 3. und 4. Masche vom Reihenbeginn bzw. -ende aus ab. Folgendermaßen können Sie Maschen abnehmen und das Muster beibehalten, je nachdem, wie die Maschen erscheinen:

Fall 1: Die 3., 4. und 5. M von Reihenbeginn und -ende aus gesehen sind linke Maschen. Diese Maschen können Sie ganz einfach zusammenstricken: 1 M re, 1 M li, 2 M li zus-str, im Muster str bis zu den letzten 4 M, 2 M li zus-str, 1 M li, 1 M re.

Fall 2: Die 3. und 4. M von Reihenbeginn und -ende aus gesehen sind linke Maschen, die 5. M ist jeweils eine rechte Masche, und die rechten Zugmaschen verlaufen in Richtung Rand (Abb. 1): 1 M re, 1 M li, die nächsten 2 li M auf einer Hilfs-Nd hinter die Arbeit legen, 1 M re, die 2 M der Hilfs-Nd li zus-str, im Muster str bis zu den letzten 5 M, die re M auf einer Hilfs-Nd vor die Arbeit legen, 2 M li zus-str, die 1 M von der Hilfs-Nd re str, 1 M li, 1 M re.

Fall 3: Die 3. und 4. M von Reihenbeginn und -ende aus gesehen sind linke M, die 5. M ist jeweils eine rechte Masche, und die rechten Zugmaschen verlaufen zur Mitte. Hier stricken Sie die 3. und 4. Masche einfach links zusammen (siehe Fall 1).

Fall 4: Die 3. Masche von Reihenbeginn und -ende aus gesehen ist eine linke Masche, die 4. Masche ist eine rechte Masche, und die rechten Zugmaschen verlaufen in Richtung Rand (Abb. 2): 1 M re, 1 M li, 2 M re zus-str, im Muster str bis zu den letzten 4 M, 2 M re verschr zus-str, 1 M li, 1 M re.

Fall 5: Die 3. Masche von Reihenbeginn und -ende aus gesehen ist eine linke Masche, die 4. Masche ist eine rechte Masche, und die rechten Zugmaschen verlaufen zur Mitte (Abb. 3): 1 M re, 1 M li, die nächste li M wie zum Linksstricken auf die rechte Nd abh (Faden hinter der Arbeit), die re M auf einer Hilfs-Nd vor die Arbeit legen, die abgehobene li M zurück auf die linke Nd heben, 2 M li zus-str, die M der Hilfs-Nd re str, im Muster str bis zu den letzten 5 M, die nächste li M auf einer Hilfs-Nd hinter die Arbeit legen, 1 M re, die M der Hilfs-Nd zurück auf die linke Nd heben, 2 M li zus-str, 1 M li, 1 M re.

Fall 6: Die 3. Masche von Reihenbeginn und -ende aus gesehen ist eine rechte M, und die rechten Zugmaschen verlaufen in Richtung Rand (Abb. 4): 1 M re, 1 M li, 2 M re verschr zus-str, im Muster str bis zu den letzten 4 M, 2 M re zus-str, 1 M li, 1 M re. Achtung! Die 3. Masche von Reihenbeginn und -ende aus gesehen bleibt auch nach dieser Abnahmereihe eine rechte Masche.

Fall 7: Die 3. Masche von Reihenbeginn und -ende aus gesehen ist eine rechte Masche, und die rechten Zugmaschen verlaufen zur Mitte (Abb. 5): 1 M re, 1 M li, die folgende re M auf einer Hilfs-Nd vor die Arbeit legen, 2 M li zus-str, die M der Hilfs-Nd re str, im Muster str bis zu den letzten 5 M, die nächsten 2 li M auf einer Hilfs-Nd hinter die Arbeit legen, 1 M re, die 2 M der Hilfs-Nd li zus-str, 1 M li, 1 M re. Achtung! Die 3. Masche von Reihenbeginn und -ende aus gesehen bleibt auch nach dieser Abnahmereihe eine rechte Masche.

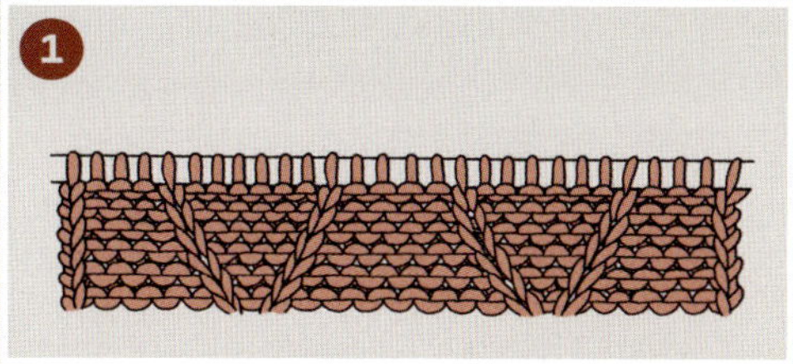

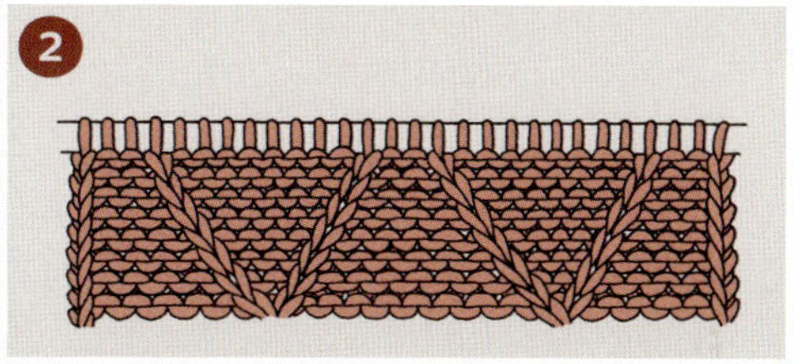

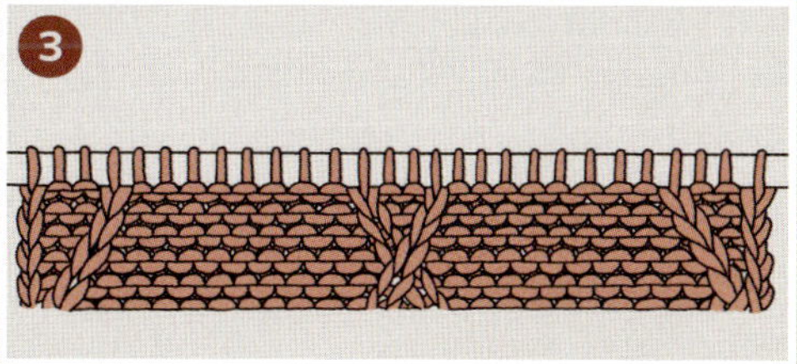

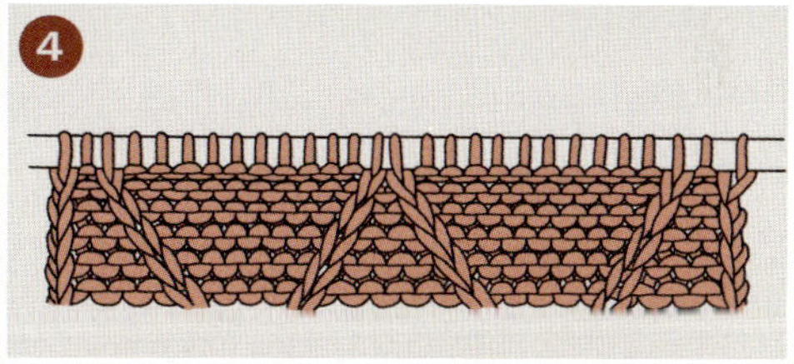

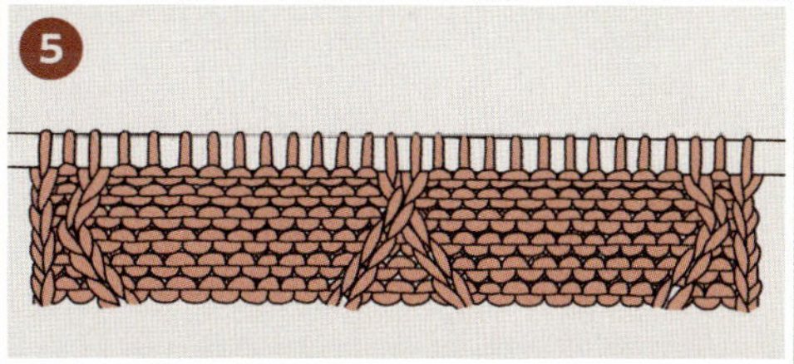

[Zu dir oder zu mir?] KLASSISCHER Baumwollpullover

SIE HABEN IHREN ZWEITFÖHN BEI IHM DEPONIERT, und seine Zahnbürste steht in Ihrem Badezimmer. Das sieht nach Dauerbeziehung aus! Wagen Sie also den entscheidenden Schritt und stricken Sie ihm einen kompletten Pullover mit Ärmeln. Am besten entscheiden Sie sich für dieses glatt rechts gestrickte Grundmodell mit rundem Halsausschnitt und wählen Farben, die Ihnen schmeicheln – denn nichts ist schöner, als in seinem Pullover herumzugammeln und die Samstagszeitung zu lesen.

Die Arbeit beginnt mit einem provisorischen Anschlag, sodass die offenen Maschen an der Unterkante später nach hinten umgeschlagen und auf der Innenseite angenäht werden können. Denken Sie daran, dass Baumwolle recht eigenwillig ist und sich zwischen den notwendigen (und vorsichtigen!) Waschgängen etwas ausdehnt. Außerdem sollte Ihr Freund den Pullover nicht am Wasser tragen, denn nasse Baumwolle ist ziemlich schwer. Wenn Ihr Schatz auf einer romantischen Kahnfahrt mit diesem Pullover über Bord geht, dürfte er Mühe haben, sich über Wasser zu halten.

GARN

Merzerisiertes Baumwollgarn (100 % Baumwolle; LL ca. 100 m/50 g; Maschenprobe gemäß Garnbanderole: 20 M mit Nd Nr. 4 = 10 cm breit) in folgenden Mengen und Farben: 550/650/750 g in Königsblau (Fb A) und je 50 g in Schwarz (Fb B) und Weiß (Fb C)

NADELN UND ZUBEHÖR

- Stricknadeln Nr. 3–3,5 und 3,5–4
- Rundstricknadel Nr. 3,5–4 (40 cm lang)
- Wollnadel oder Sticknadel ohne Spitze
- Garnrest als Hilfsfaden

GRÖSSE

- Oberweite 96,5/108/118 cm
- (Das abgebildete Originalmodell hat eine Oberweite von 108 cm.)
- Die Angaben für die verschiedenen Größen sind durch Schrägstriche voneinander getrennt. Steht nur eine Angabe, so gilt sie für alle drei Größen.

MASCHENPROBE

21 M und 30 R mit Nd Nr. 3,5–4 glatt re gestrickt = 10 x 10 cm

ABKÜRZUNGEN

- 1 M zun = 1 Masche aus dem Querfaden zunehmen (siehe Seite 181)
- ww = wickeln und wenden (Faden vor die Arbeit legen, die nächste M wie zum Linksstricken abh, Faden nach hinten legen und die abgehobene M wieder auf die linke Nd legen)

Strickmuster

Glatt rechts

1. REIHE (HIN-R)
Re M str.

2. REIHE (RÜCK-R)
Li M str.

Die 1. und 2. R stets wdh.

Strickmuster

Rippenmuster

M-Zahl teilbar durch 2.

1. REIHE (HIN-R) 2 M re, * 1 M li, 1 M re; ab * fortlfd wdh bis R-Ende.

2. REIHE (RÜCK-R) * 1 M li, 1 M re; ab * fortlfd wdh bis zu den letzten 2 M, 2 M li.

Die 1. und 2. R stets wdh.

Anleitung für das Rückenteil

MASCHENANSCHLAG Mit dem Hilfsfaden und den dünneren Nd 100/112/122 M provisorisch anschl (siehe Seite 176), dann mit Fb A weiterstr.

NÄCHSTE REIHEN 2,5 cm glatt re str, mit einer Hin-R enden.

NÄCHSTE REIHE 1 Rück-R re M für die Umbruchkante str.

Zu den dickeren Nd wechseln.

NÄCHSTE REIHEN Glatt re str bis zu einer Höhe von 33/35,5/35,5 cm ab Umbruchkante; mit einer Rück-R enden.

NÄCHSTE 12 REIHEN 12 R im Streifenmuster str wie folgt: 2 R in Fb B, 2 R in Fb A, 1 R in Fb B, 2 R in Fb C, 1 R in Fb B, 2 R in Fb A, 2 R in Fb B.

NÄCHSTE 2 REIHEN 2 R glatt re in Fb A str.

Von der Umbruchkante aus gemessen ist die Arbeit nun ca. 38/40,5/40,5 cm hoch.

Armausschnitte

1. UND 2. REIHE Am Beginn jeder R 4/4/6 M abk (= 92/104/110 M).

NÄCHSTE REIHEN Beidseitig in jeder Hin-R 6/6/7 x 1 M abn (= 80/92/96 M).

NÄCHSTE REIHEN Glatt re weiterstr bis zu einer Armausschnitthöhe von 21,5/23/24 cm; mit einer Rück-R enden.

Schulterschrägen mit verkürzten Reihen

HINWEIS Beachten Sie die Informationen zum Stricken verkürzter Reihen auf Seite 138/139.

1. REIHE (HIN-R) 72/82/86 M re str. Die nächste M umwickeln und die Arbeit wenden (ww).

2. REIHE (RÜCK-R) 64/72/76 M li str, ww. Am R-Beginn und -Ende bleiben damit jeweils 8/10/10 M ungestrickt.

3. REIHE 56/62/66 M re str, ww.

4. REIHE 48/52/56 M li str, ww. Am R-Beginn und -Ende bleiben damit jeweils 16/20/20 M ungestrickt.

5. REIHE 39/43/46 M re str, ww.

6. REIHE 30/34/36 M li str, ww. Am R-Beginn und -Ende bleiben damit jeweils 25/29/30 M ungestrickt.

7. REIHE Re M str bis R-Ende. Alle umwickelten M mit dem Wickelfaden zus-str.

Am R-Beginn und am R-Ende für die Schultern jeweils 25/29/30 M auf Maschenraffern stilllegen.

Die mittleren 30/34/36 M für den hinteren Halsausschnitt ebenfalls stilllegen.

Anleitung für das Vorderteil

Bis zu einer Armausschnitthöhe von 15/16,5/18 cm wie das Rückenteil arb (= 80/92/96 M).

Von der rechten Seite aus gesehen die letzten 35/40/41 M auf einem Maschenraffer stilllegen.

Die mittleren 10/12/14 M auf einem 2. Maschenraffer ebenfalls stilllegen.

Es bleiben 35/40/41 M für das linke Vorderteil übrig.

Verkürzte Reihen für die linke Seite des vorderen Halsausschnitts

1. REIHE (HIN-R) 33/37/38 M re str, ww.

2. REIHE UND ALLE FOLGENDEN RÜCK-R Li M str bis R-Ende.

3. REIHE 31/35/36 M re, ww.

5. REIHE 29/33/34 M re, ww.

7. REIHE 27/31/32 M re, ww.

9. REIHE 25/29/30 M re, ww. Auf der Seite des Halsausschnitts bleiben 10/11/11 M ungestrickt.

10. REIHE Li M str bis R-Ende.

10/11/11 M des Teils mit den verkürzten R auf einem Maschenraffer stilllegen (= 25/29/30 M auf der Nd).

NÄCHSTE REIHEN Glatt re weiterstr, bis die linke Seite des Vorderteils 5 R niedriger ist als das Rückenteil am Beginn der Schulterschrägen; mit einer Hin-R enden.

Linke Schulterschräge mit verkürzten Reihen

1. REIHE (RÜCK-R) 17/19/20 M li str, ww.

2. UND 4. REIHE (HIN-R) Re M str bis R-Ende.

3. REIHE 9/9/10 M li str, ww.

5. REIHE Li M str bis R-Ende, dabei alle umwickelten M mit dem Wickelfaden zus-str. 25/29/30 M für die linke Schulter auf einem Maschenraffer stilllegen.

Den Faden in Fb A noch nicht abschneiden: Er wird später zum Verbinden der Schultern von Vorder- und Rückenteil und zum Stricken der Halsblende verwendet.

Verkürzte Reihen für die rechte Seite des vorderen Halsausschnitts

Die 35/40/41 M für die rechte Seite des Vorderteils auf die Nadel nehmen.

Von der rechten Seite der Arbeit (= für eine Hin-R) einen neuen Knäuel in Fb A anschlingen.

1. REIHE (HIN-R) Re M str bis R-Ende.

2. REIHE (RÜCK-R) 33/37/38 M li str, ww.

3. REIHE UND ALLE FOLGENDEN HIN-R Re M str bis R-Ende.

4. REIHE 31/35/36 M li str, ww.

6. REIHE 29/33/34 M li str, ww.

8. REIHE 27/31/32 M li str, ww.

10. REIHE 25/29/30 M li str, ww. Auf der Seite des Halsausschnitts bleiben 10/11/11 M ungestrickt.

11. REIHE Re M str bis R-Ende.

10/11/11 M des Teils mit den verkürzten R auf einem Maschenraffer stilllegen (= 25/29/30 M auf der Nd).

NÄCHSTE REIHEN Glatt re weiterstr, bis die rechte Seite des Vorderteils 6 R niedriger ist als das Rückenteil am Beginn der Schulterschrägen; mit einer Rück-R enden.

Rechte Schulterschräge mit verkürzten Reihen

1. REIHE (HIN-R) 17/19/20 M re str, ww.

2. REIHE UND ALLE FOLGENDEN RÜCK-R Li M str bis R-Ende.

3. REIHE 9/9/10 M re str, ww.

5. REIHE Re M str bis R-Ende, dabei alle umwickelten M mit dem Wickelfaden zus-str.

Die 25/29/30 M für die rechte Schulter auf einem Maschenraffer stilllegen.

Schultern verbinden

Die M für die rechte Schulter an Vorder- und Rückenteil durch Abk mit 3 Nd (siehe Seite 177/178) verbinden. Die letzte M der Abkett-R auf einem Hilfsfaden stilllegen. Die M für die linke Schulter an Vorder- und Rückenteil mit dem zuvor hängen gelassenen Faden ebenfalls verbinden und die letzte M auf einem Hilfsfaden stilllegen.

Halsblende

BEGINN Auf die 40 cm lange Rundstrick-Nd M aufnehmen wie folgt:

10/11/11 M aus den verkürzten R des linken Vorderteils,

10/12/14 M vom Maschenraffer in der vorderen Mitte,

10/11/11 M aus den verkürzten R des rechten Vorderteils,

1 M am Ende der rechten Schulternaht,

30/34/36 M vom hinteren Maschenraffer,

1 M am Ende der linken Schulternaht (= 62/70/74 M insgesamt).

1. RUNDE Den Faden in Fb A von der rechten Seite der Arbeit am inneren Ende der linken Schulternaht anschlingen. Aus der linken Halsausschnittkante 8/8/9 M aufnehmen und re str.

Die M der verkürzten R auf der linken Seite des Vorderteils re str, dabei jede umwickelte M mit dem Wickelfaden zus-str und nach jeder der 5 umwickelten M 1 M zun.

Die mittleren 10/12/14 M re str.

Die M der verkürzten R auf der rechten Seite des Vorderteils re str, dabei jede umwickelte M mit dem Wickelfaden zus-str und nach jeder der 5 umwickelten M 1 M zun.

Aus der rechten Halsausschnittkante 8/8/9 M aufnehmen und re str.

Die 1 M am Ende der rechten Schulternaht re str.

Die 30/34/36 M des hinteren Halsausschnitts re str.

Die 1 M am Ende der linken Schulternaht re str (= 88/96/102 M insgesamt).

Die Arbeit zur Rd schließen und den Rd-Beginn mit 1 Markierungsring kennzeichnen.

2. RUNDE * 1 M re, 1 M li; ab * fortlfd wdh bis Rd-Ende.

NÄCHSTE RUNDEN Die 2. Rd stets wdh, bis die Blende 2,5 cm von der Aufnahme-Rd aus hoch ist. Alle M locker mit der dickeren Nd abk.

Ärmel (2 x arb)

MASCHENANSCHLAG Mit Fb A und den dünneren Nd 44/48/52 M anschl.

HINWEIS Zum Beginn mit 2 M re beachten Sie bitte den Kasten auf Seite 107.

1. UND 2. REIHE Im Rippenmuster str.

NÄCHSTE REIHEN Im Rippenmuster weiterstr bis zu einer Bündchenhöhe von 7,5 cm; mit einer Rück-R enden. Zu den dickeren Nd wechseln.

NÄCHSTE REIHE (HIN-R; ZUNAHME-R) 1 M re (= Rand-M), 1 M zun, re M str bis zur letzten M, 1 M zun, 1 M re (= Rand-M; = 2 M zugenommen).

NÄCHSTE REIHEN Die Zunahme-R noch 11 x in jeder 6./6./8. R wdh (= 68/72/76 M).

NÄCHSTE REIHEN Die Zunahme-R noch 0/2/4 x in jeder 0./8./6. R wdh (= 68/76/84 R).

NÄCHSTE REIHEN Glatt re weiterstr bis zu einer Ärmellänge von 45,5/45,5/48,5 cm; mit einer Rück-R enden.

Armkugel

1. UND 2. REIHE Am Beginn der nächsten 2 R jeweils 4/4/6 M abk (= 60/68/72 M).

3. REIHE (HIN-R; ABNAHME-R) 1 M re (= Rand-M), 2 M re verschr zus-str, re M str bis zu den letzten 3 M, 2 M re zus-str, 1 M re (= Rand-M; = 2 M abgenommen).

NÄCHSTE REIHEN Die Abnahme-R noch 19/22/23 x in jeder Hin-R wdh (= 20/22/24 M).

Alle M abk. Den 2. Ärmel ebenso str.

Fertigstellung

Alle Teile spannen, anfeuchten und trocknen lassen. Ärmel- und Seitennähte schließen. Die Ärmel so in die Armausschnitte einnähen, dass die Mitte der Ärmeloberkante auf die Schulternaht trifft. Die Unterkante des Pullovers entlang der Umbruchkante zur Innenseite umfalten. Den Hilfsfaden des provisorischen Anschlags nach und nach vorsichtig entfernen, sodass immer nur einige wenige M der Saumkante auf der linken Seite des Vorder- und Rückenteils frei liegen. Mit Fb A und einer Wollnadel die Offenen Maschen auf der Rückseite von Vorder- und Rückenteil annähen (siehe Seite 179). Achten Sie darauf, wirklich in jede M des Saumes einzustechen, um sie zu sichern, und durchweg in dieselbe R des Hauptgestricks einzustechen, damit die Naht gerade wird. Fadenenden vernähen.

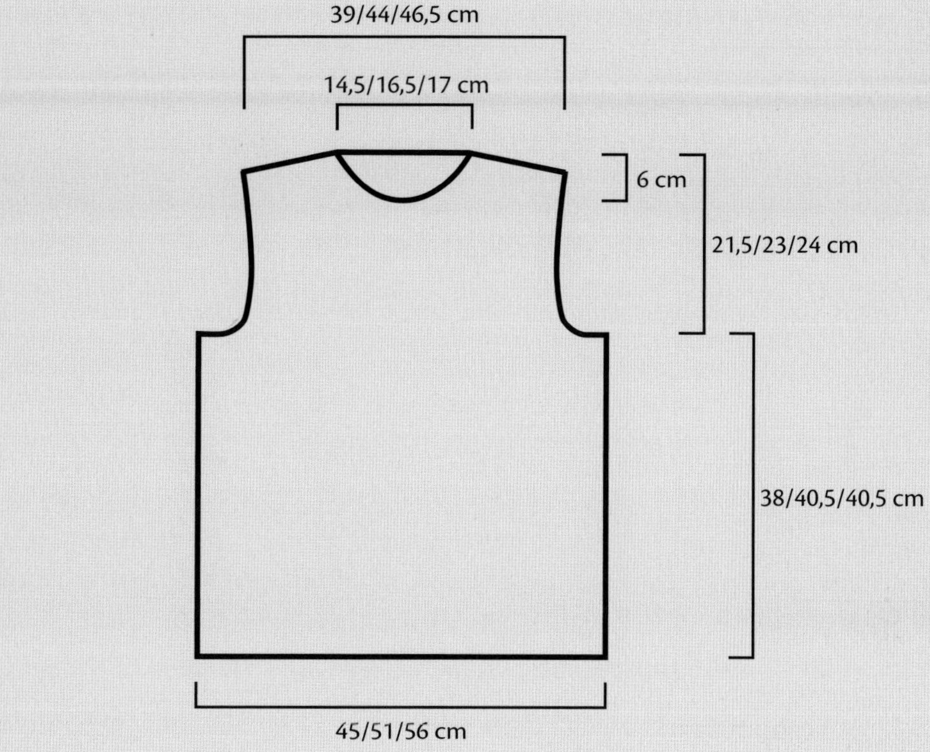
39/44/46,5 cm
14,5/16,5/17 cm
6 cm
21,5/23/24 cm
38/40,5/40,5 cm
45/51/56 cm

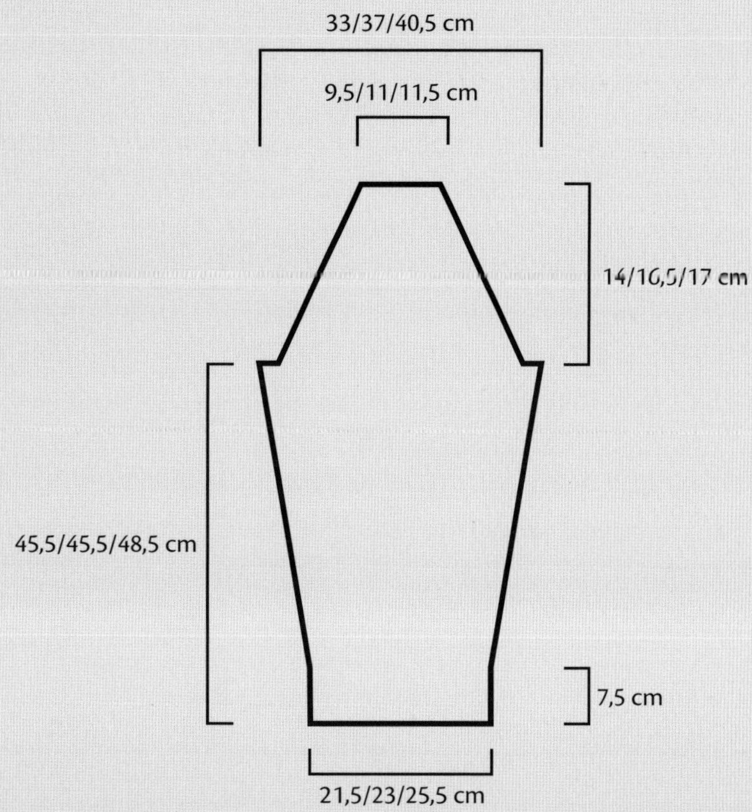
33/37/40,5 cm
9,5/11/11,5 cm
14/16,5/17 cm
45,5/45,5/48,5 cm
7,5 cm
21,5/23/25,5 cm

Verkürzte Reihen

Die Technik der verkürzten Reihen wendet man bei diesem Pullover an, um die Schultern und den Halsausschnitt ohne den Stufen-Effekt zu gestalten, der entsteht, wenn man am Beginn jeder 2. Reihe Maschen abkettet. Verkürzte Reihen tragen ihren Namen zu Recht: Man strickt eine bestimmte Zahl von Maschen, beendet die Reihe aber nicht, sondern legt den Faden um die nächste Masche, wendet (ww = wickeln und wenden) und strickt in der Gegenrichtung zurück. Und so werden die verkürzten Reihen für Halsausschnitt und Schultern dieses Pullovers gearbeitet:

Die angegebene Zahl von Maschen stricken; am Ende der Reihe bleiben einige Maschen ungestrickt. Den Faden vor die Arbeit legen und die nächste Masche wie zum Linksstricken von der linken Nadel abheben. Den Faden wieder nach hinten legen und die abgehobene Masche auf die linke Nadel zurückheben. Dadurch ist die 1. Masche auf der linken Nadel vom Faden umwickelt (Abb. 1).

Die Arbeit wenden, sodass Sie nun die andere Seite vor sich haben, und entsprechend der Anleitung weiterstricken. Wenn Sie Ihr Gestrick von der rechten Seite aus betrachten, sehen Sie, dass die Maschen-„Säulen" auf einer Seite der umwickelten Masche mehr Reihen aufweisen als auf der anderen Seite (Abb. 2). Stricken Sie nun mit verkürzten Reihen weiter, wie in Ihrer Anleitung angegeben.

Wenn alle verkürzten Reihen gearbeitet sind, fällt Ihre Strickarbeit auf einer Seite schräg ab (Abb. 3).

Nun müssen Sie eventuelle Lücken schließen und die Wickelfäden verbergen. Um die Wickelfäden in einer glatt rechts gestrickten Hinreihe zu verstecken, stechen Sie die rechte Nadelspitze von vorne nach hinten und von unten nach oben unter einem Wickelfaden und danach wie zum Rechtsstricken in die umwickelte Masche ein. Masche und Wickelfaden rechts zusammenstricken.

In einer links gestrickten Rückreihe verwenden Sie die rechte Nadelspitze dazu, die hintere Schlinge des Wickelfadens von hinten nach vorne und von unten nach oben aufzunehmen und auf die linke Nadel zu heben. Die Masche mit ihrem Wickelfaden links zusammenstricken.

Wenn alle Wickelfäden verstrickt sind, haben Sie ein sauber geformtes Strickteil mit offenen Maschen zum Zusammennähen oder zum Anstricken einer Blende oder eines Kragens.

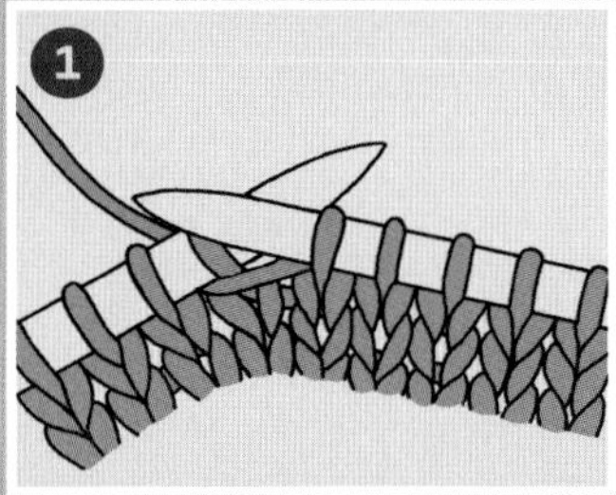

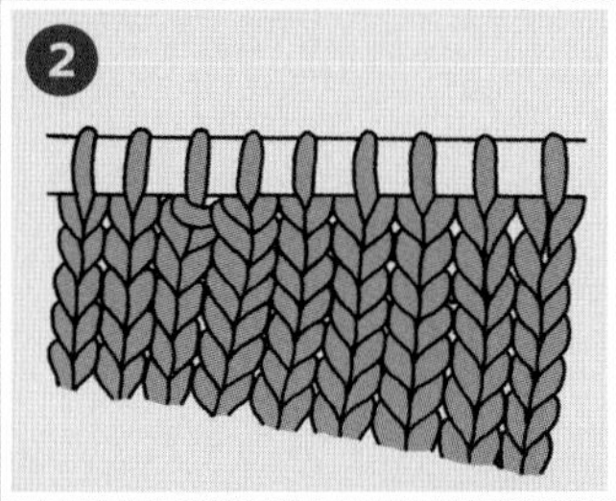

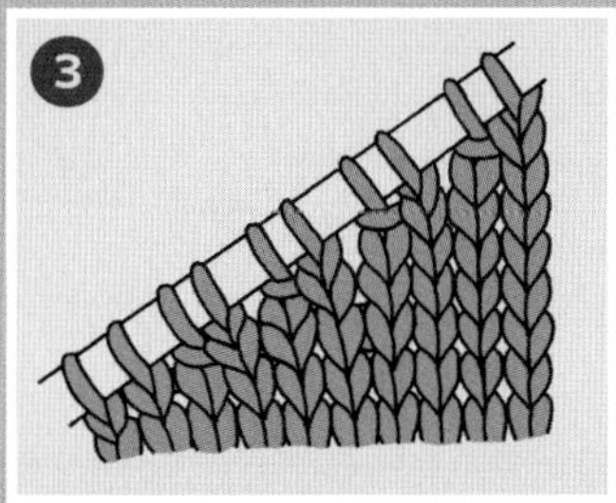

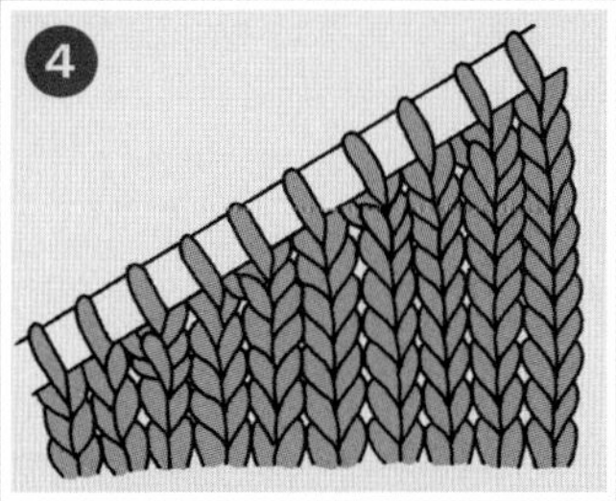

[Zwei Namen an der Tür]

Troyer MIT ZOPFRIPPEN

SIND SIE SICHER, DASS ER DER RICHTIGE IST? Okay, Sie ziehen zusammen, aber sind Sie wirklich hundertprozentig sicher? Hier ist die Probe aufs Exempel: Stehen Ihre beiden Namen auf dem Mietvertrag? Wenn ja, können Sie getrost das Garn für diesen Troyer kaufen. Wenn die Antwort nein lautet, Sie sich aber davon überzeugt haben, dass mildernde Umstände einen einzigen Namen auf dem Mietvertrag rechtfertigen, können Sie ebenfalls weitermachen. Für den Fall der Fälle ist der Pullover in einem Rippenmuster gestrickt, das sich leicht dehnt und deshalb mehreren Größen passt. Sollte sich der Hauptgewinn als Niete herausstellen, passt der Pullover womöglich dem Traumprinzen, der auf ihn folgt.

Das Zopfrippenmuster für diesen Pullover ist eingängig und leicht zu stricken, erfordert aber Zeit und schluckt Unmengen Garn. Die Unterkante des Pullovers ist ohne Bündchen im selben Muster wie der Rest gestrickt, jedoch mit dünneren Nadeln, damit sie gut an der Hüfte anliegt.

GARN

950/1000/1050 g Woll-Baumwoll-Mischgarn (50 % Merinowolle, 50 % Baumwolle; LL ca. 113 m/50 g; Maschenprobe gemäß Garnbanderole: 22–24 M mit Nd Nr. 3,5–4 = 10 cm breit) in Dunkeloliv

NADELN UND ZUBEHÖR

- Stricknadeln Nr. 3–3,5 und 3,5–4
- Wollnadel oder Sticknadel ohne Spitze
- Reißverschluss (23 cm lang)
- Nähnadel und Nähgarn, farblich passend zum Einnähen des Reißverschlusses
- Stecknadeln
- Garnrest

GRÖSSE

- Oberweite 103/113/123 cm
- Das abgebildete Originalmodell hat eine Oberweite von 113 cm.
- Die Angaben für die verschiedenen Größen sind durch Schrägstriche voneinander getrennt. Steht nur eine Angabe, so gilt sie für alle drei Größen.

MASCHENPROBE

32 M und 35 R im Zopfrippenmuster mit den dickeren Nd = 10 x 10 cm

ABKÜRZUNGEN

- 1 li M zun = 1 linke M aus dem Querfaden zunehmen (siehe S. 181)
- 1 M rvkr = 1 Masche nach rechts verkreuzen: Die 1. M übergehen, mit der rechten Nd vor der Arbeit die 2. M re str und auf der linken Nd lassen, die 1. M re str, beide M von der Nd gleiten lassen
- 1 M lvkr = 1 Masche nach links verkreuzen: Die 1. M übergehen, mit der rechten Nd hinter der Arbeit die 2. M re str und auf der linken Nd lassen, die 1. M re str, beide M von der Nd gleiten lassen

Strick-muster

Zopfrippen-muster

M-Zahl teilbar durch 8 + 2 M

1. REIHE (HIN-R) * 2 M re, 1 M li, 1 M rvkr, 1 M lvkr, 1 M li; ab * fortlfd wdh bis zu den letzten 2 M, 2 M re.

2. REIHE (RÜCK-R) * 2 M li, 1 M re, 4 M li, 1 M re; ab * fortlfd wdh bis zu den letzten 2 M, 2 M li.

Die 1. und 2. R stets wdh.

Anleitung für das Rückenteil

MASCHENANSCHLAG Mit den dünneren Nd 162/178/194 M anschl.

NÄCHSTE REIHEN Im Zopfrippenmuster str bis zu einer Gesamthöhe von 7,5 cm. Zu den dickeren Nd wechseln.

NÄCHSTE REIHEN Im Zopfrippenmuster weiterstr bis zu einer Gesamthöhe von 63,5 cm.

Beidseitig je 56/59/63 M für die Schultern auf Maschenraffern stilllegen. Die mittleren 50/60/68 M für den hinteren Halsausschnitt auf einem weiteren Maschenraffer stilllegen.

Anleitung für das Vorderteil

Bis zur Höhe von 43 cm wie das Rückenteil str; mit einer Rück-R enden.

Teilung für den Schlitz und linke Seite des Vorderteils

1. REIHE In der vorgegebenen Mustereinteilung 81/89/97 M für die linke Seite des Vorderteils str.

Die restlichen 81/89/97 M für die rechte Seite des Vorderteils auf einem Maschenraffer stilllegen.

NÄCHSTE REIHE (RÜCK-R) 1 M li, 1 li M zun, dann im eingeteilten Zopfrippenmuster weiterstr bis R-Ende (= 82/90/98 M für die linke Seite des Vorderteils).

NÄCHSTE REIHEN Im Zopfrippenmuster weiterstr bis zu einer Gesamthöhe von 57 cm; mit einer Rück-R enden.

Linke Seite des vorderen Halsausschnitts

1. REIHE (HIN-R) 66/69/73 M im Zopfrippenmuster str.

Am R-Ende (= auf der Seite des Halsausschnitts) die restlichen 16/21/25 M auf einem Maschenraffer stilllegen.

NÄCHSTE REIHE Die Arbeit wenden und 1 Rück-R im eingeteilten Muster über 66/69/73 M str.

NÄCHSTE REIHEN Im Zopfrippenmuster weiterarb, dabei am Ende der nächsten 10 Hin-R (= auf der Seite des Halsausschnitts) je 1 M abn (= 56/59/63 M).

NÄCHSTE REIHEN Gegebenenfalls in der vorgegebenen Mustereinteilung weiterstr bis zu einer Gesamthöhe von 63,5 cm; mit einer Hin-R enden. Die M auf einem Maschenraffer stilllegen.

Rechte Seite des Vorderteils

Die 81/89/97 M für die rechte Seite des Vorderteils auf die dickeren Nadeln nehmen.

Den Faden von der rechten Seite der Arbeit anschlingen.

1. REIHE (HIN-R) 1 M re, 1 M zun, dann im eingeteilten Zopfrippenmuster str bis R-Ende (= 82/90/97 M).

NÄCHSTE REIHEN Im Zopfrippenmuster weiterstr bis zu einer Gesamthöhe von 57 cm; mit einer Rück-R enden.

Rechte Seite des vorderen Halsausschnitts

1. REIHE (HIN-R) 16/21/25 M im Zopfrippenmuster str. Diese M auf einem Maschenraffer stilllegen. Im Zopfrippenmuster weiterstr bis R-Ende (= 66/69/73 M).

2. REIHE (RÜCK-R) Im Zopfrippenmuster str bis R-Ende.

NÄCHSTE REIHEN Im Zopfrippenmuster weiterarb, dabei am Beginn der nächsten 10 Hin-R (= auf der Seite des Halsausschnitts) je 1 M abn (= 56/59/63 M).

NÄCHSTE REIHEN Gegebenenfalls in der vorgegebenen Mustereinteilung weiterstr bis zu einer Gesamthöhe von 63,5 cm; mit einer Hin-R enden. Die M auf einem Maschenraffer stilllegen.

Schultern verbinden

Die Schulter-M der rechten Seite des Vorderteils durch Abk mit 3 Nd (siehe Seite 177/178) mit den entsprechenden M des Rückenteils verbinden. Die mittleren M für den hinteren Halsausschnitt bleiben auf dem separaten Maschenraffer.

Dongo
2004

Anleitung für den Kragen

1. REIHE (HIN-R) Von der rechten Seite der Arbeit den Faden anschlingen und mit den dickeren Nd die 16/21/25 M vom Maschenraffer für die rechte Seite des Vorderteils re abstricken.

Entlang der Kante der rechten vorderen Halsausschnittseite nach oben zur Schulternaht 15 M aufnehmen und re str.

Vom Maschenraffer für den hinteren Halsausschnitt 50/60/68 m re str.

Entlang der Kante des linken vorderen Halsausschnitts von der Schulternaht abwärts 14 M aufnehmen und re str.

16/21/25 M vom Maschenraffer für die linke Seite des Vorderteils re abstricken.

Sie haben jetzt 111/131/147 M auf den Nd.

2. REIHE (RÜCK-R) 2 M re, * 1 M li, 1 M re; ab * fortlfd wdh bis zu den letzten 3 M, 1 M li, 2 M re.

3. REIHE (HIN-R) 2 M li, * 1 M re, 1 M li; ab * fortlfd wdh bis zu den letzten 3 M, 1 M re, 2 M li.

NÄCHSTE REIHEN Die 2. und 3. R stets wdh, bis der Kragen von der R der Maschenaufnahme aus 15 cm hoch ist; mit einer 2. R (= Rück-R) enden.

Beleg für die rechte Seite des Schlitzes

1. REIHE (HIN-R) 2 M re, 1 M li, 1 M re, 1 M li, 2 M re.

Die restlichen 104/124/140 M auf einem Maschenraffer stilllegen.

Die verbleibenden 7 M (in der 1. R gestrickt) im eingeteilten Rippenmuster weiterstr bis zur Höhe von 18 cm ab der Stelle, an der die übrigen M stillgelegt wurden. Die 7 M abk.

Beleg für die linke Seite des Schlitzes

Die 7 M am anderen Ende der Kragen-M auf die dickere Nd nehmen und str, wie beim Beleg für die rechte Seite beschrieben. Auf dem Maschenraffer für den Kragen bleiben 97/117/133 M zurück.

Reißverschluss einsetzen

Den Kragen so zur Hälfte zusammenlegen, dass die offenen M auf dem Maschenraffer auf der linken Seite der Arbeit auf die Aufnahme-R treffen. Die Faltlinie beidseitig der Öffnung in der vorderen Mitte mit einem Hilfsfaden oder mit Sicherheitsnadeln markieren. Die Kanten des vorderen Schlitzes aneinander legen (rechte Seite der Arbeit oben) und den Reißverschluss so unter dem Schlitz platzieren, dass die Zähne in der vorderen Mitte liegen und das obere Ende möglichst exakt mit der Faltlinie des Kragens übereinstimmt. Überstehende Teile des Trägerbandes an de Oberkante umfalten. Den Reißverschluss auf der rechten und linken Seite des vorderen Schlitzes feststecken und öffnen.

Den Reißverschluss mit Nähnadel und Nähgarn in den Pullover einnähen, dabei auf beiden Seiten des Schlitzes jeweils zwischen den 2 re gestrickten Rand-M und der li M daneben einstechen.

Den Kragen und die Belege nach innen umfalten. Jeden Beleg so platzieren, dass er das Trägerband des Reißverschlusses bedeckt, aber die Reißverschluss-Zähnchen sich nicht darin verhaken können. Die eine Seite des Belegs mit farblich passendem Nähgarn und Nähnadel auf dem Trägerband festnähen, die andere Seite mit Strickgarn und Wollnadel auf der linken Seite des Gestricks. Die offenen M des Kragens mit Strickgarn und Wollnadel entlang der Aufnahme-R festnähen, dabei darauf achten, dass wirklich jede einzelne M fixiert wird (siehe Seite 180).

Anleitung für die Ärmel

MASCHENANSCHLAG Mit den dünneren Nd 74 M anschl.

NÄCHSTE REIHEN Im Zopfrippenmuster str bis zur Höhe von 7,5 cm; mit einer Rück-R enden. Zu den dickeren Nd wechseln.

NÄCHSTE REIHE (HIN-R; ZUNAHME-R) 1 M re (= Rand-M), M zun, re M str bis zur letzten M, 1 M zun, 1 M re (= Rand-M; = 2 M zugenommen).

NÄCHSTE REIHEN 31 x in jeder 4. R beidseitig 1 M zun und ins Muster integrieren (= 138 M).

NÄCHSTE REIHEN Im Zopfrippenmuster weiterstr bis zu einer Gesamthöhe von 51 cm oder bis zur gewünschten Ärmellänge.

Fertigstellung

Alle Teile spannen, anfeuchten und trocknen lassen. Die Ärmel so an Vorder- und Rückenteil nähen, dass die obere Mitte des Ärmels auf die Schulternaht trifft. Ärmel- und Seitennähte schließen. Alle Fadenenden vernähen.

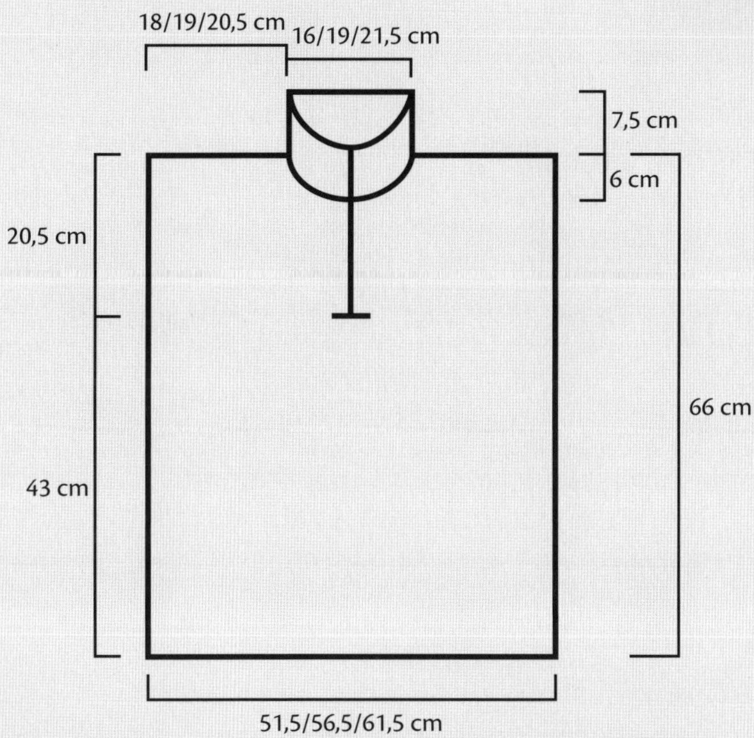

18/19/20,5 cm
16/19/21,5 cm
7,5 cm
6 cm
20,5 cm
66 cm
43 cm
51,5/56,5/61,5 cm

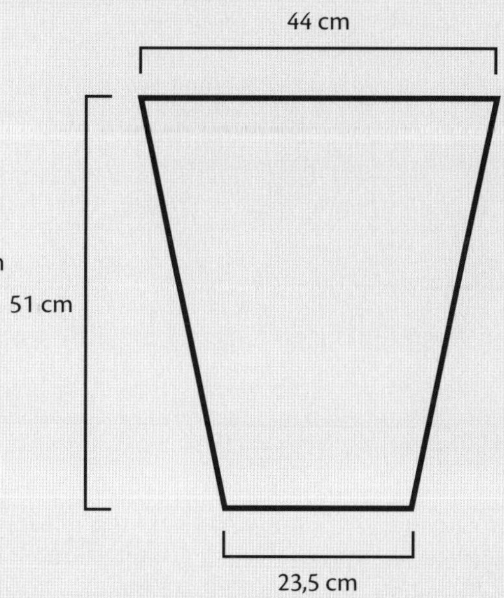

44 cm
51 cm
23,5 cm

[Die Hochzeitsglocken läuten]

Jacke MIT ARANMUSTERN

WENN DER DIAMANT (oder ein anderer kostbarer Stein nach Ihrem Geschmack) fest an Ihrem Finger sitzt und der Termin für die Hochzeit angesetzt ist – und keinen Tag früher –, können Sie mit diesem Meisterstück beginnen. Diese Jacke birgt eine Fülle von Herausforderungen und ist kein Fall für Feiglinge vor den Nadeln. Planen Sie das Modell als Geschenk zum ersten Hochzeitstag ein.

Eines der Muster ist das sogenannte Dornröschenmuster, das auch als Brombeer-, Persianer- oder Dreifaltigkeitsmuster bekannt ist. Aus einer Masche werden erst drei Maschen herausgearbeitet und in der nächsten Reihe wieder zusammengestrickt, sodass eine Noppe entsteht. Die Noppen sind ziegelartig versetzt. An der Verbindungsstelle zweier Jackenteile muss das Muster exakt zusammenpassen: Wenn das linke Vorderteil in der ersten Reihe an der Seitennaht mit „3 M li zus-str" abschließt, muss in der ersten Reihe des Rückenteils an der Anschlussstelle „aus 1 M 3 M herausstr" folgen, damit das Muster ununterbrochen weiterläuft. Außerdem müssen die beiden Kanten jedes Teils spiegelbildlich gearbeitet werden; d.h., dass beidseitig in denselben Reihen Maschen abgenommen werden müssen (siehe Seite 170).

GARN

800/900 g Wollgarn (100 % peruanische Hochlandwolle; LL ca. 200 m/100 g; Maschenprobe gemäß Garnbanderole: 20 M mit Nd Nr. 4,5 bzw. 18 M mit Nd Nr. 5 = 10 cm breit) in Grau

NADELN UND ZUBEHÖR

- Stricknadeln Nr. 4 und Nr. 5
- 2 Nadeln eines Nadelspiels Nr. 4
- Hilfsnadel
- Wollnadel oder Sticknadel ohne Spitze
- 6 Knöpfe (2 cm Ø)
- Häkelnadel Nr. 3–3,5

GRÖSSE

- Oberweite 114,5/127 cm
- Das abgebildete Originalmodell hat eine Oberweite von 127 cm.
- Die Angaben für die beiden Größen sind durch einen Schrägstrich voneinander getrennt. Steht nur eine Angabe, so gilt sie für beide Größen.

MASCHENPROBE

- 20 M mit Nd Nr. 5 glatt re = 10 cm breit
- 26 M und 28 R mit Nd Nr. 5 im Dornröschenmuster = 10 x 10 cm
- 17 M und 18 R eines Rhombenzopf-Rapports mit Nd Nr. 5 = 5,5 cm breit und 6,5 cm hoch
- 6-M-Zopf mit Nd Nr. 5 = 2 cm breit

ABKÜRZUNGEN

- 1 M zun = 1 Masche aus dem Querfaden zunehmen (siehe Seite 181)
- 1 li M zun = 1 linke Masche aus dem Querfaden zunehmen (siehe Seite 181)
- 1 li Mvh = aus 1 Masche 2 linke Maschen herausstricken (je 1 x unter dem vorderen und hinteren Maschenglied einstechen, um 1 Masche zuzunehmen)
- 1 re Mvh = aus 1 Masche 2 rechte Maschen herausstricken (siehe 1 li Mvh)
- 1 M re-li-re = 1 Masche rechts-links-rechts abstricken (= aus 1 Masche 3 Maschen herausstricken)
- ww = wickeln und wenden

Anleitung für das Rückenteil

Bündchen

HINWEIS Verwenden Sie das Rippenmuster 1 M re, 1 M li für alle Teile (siehe Seite 175 und Kasten auf Seite 107).

MASCHENANSCHLAG Mit den dickeren Nd 130/144 M anschl.

Zu den dünneren Nd wechseln.

1. REIHE (HIN-R) 2 M re, * 1 M li, 1 M re; ab * fortlfd wdh bis R-Ende.

2. REIHE (RÜCK-R) * 1 M li, 1 M re; ab * fortlfd wdh bis zu den letzten 2 M, 2 M li.

NÄCHSTE REIHEN Diese 2 R stets wdh bis zu einer Bündchenhöhe von 5 cm; mit einer Hin-R enden.

Mustereinteilung und Zunahmen

EINTEILUNGSREIHE (RÜCK-R) Die Aranmuster entsprechend der gewählten Größe einteilen und M zun wie folgt:

Größe 1 (Oberweite 114,5 cm)

1 M li (= Rand-M), * 4 M im eingeteilten Rippenmuster, 1 M zun; ab * noch 1 x wdh, 2 M im eingeteilten Rippenmuster, 2 M re, 3 x 1 li Mvh, ** 6 M re, 1 li Mvh, 1 M re, 1 li M vh, 6 M re, 3 x 1 li Mvh; ab ** noch 1 x wdh, 26 M im eingeteilten Rippenmuster, *** 3 x 1 li Mvh, 6 M re, 1 li Mvh, 1 M re, 1 li Mvh, 6 M re; ab *** noch 1 x wdh, 3 x 1 li Mvh, 2 M re, 2 M im eingeteilten Rippenmuster, **** 1 M zun, 4 M im eingeteilten Rippenmuster; ab **** noch 1 x wdh, 1 M li (= Rand-M).

Größe 2 (Oberweite 127 cm)

1 M li (= Rand-M), * 4 M im eingeteilten Rippenmuster, 1 M zun; ab * noch 2 x wdh, 1 M im eingeteilten Rippenmuster, 2 M re, 3 x 1 li Mvh, ** 6 M re, 1 li Mvh, 1 M re, 1 li Mvh, 6 M re, 3 x 1 li Mvh; ab ** noch 1 x wdh, 34 M im eingeteilten Rippenmuster, *** 3 x 1 li Mvh, 6 M re, 1 li Mvh, 1 M re, 1 li Mvh, 6 M re; ab *** noch 1 x wdh, 3 x 1 li Mvh, 2 M re, 1 M im eingeteilten Rippenmuster, **** 1 M zun, 4 M im eingeteilten Rippenmuster; ab **** noch 2 x wdh, 1 M li (= Rand-M).

Sie haben nun 160/176 M auf den Nd.

Strick-muster

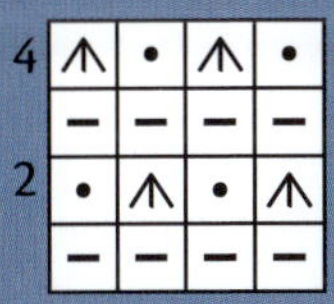

Dornröschenmuster

Hinweis: Beachten Sie dazu auch die Informationen zum Abnehmen von Maschen im Dornröschenmuster auf Seite 170.

1. UND 3. REIHE (HIN-R) Li M str.

2. REIHE (RÜCK-R) * M li zus-str, 1 M re-li-re; ab * fortlfd wdh bis R-Ende.

4. REIHE * 1 M re-li-re, 3 M li zus-str; ab * fortlfd wdh bis R-Ende.

Die 1.–4. Reihe stets wdh.

☐ = in Hin-R 1 M re, in Rück-R 1 M li

⊟ = in Hin-R 1 M li, in Rück-R 1 M re

⊡ = 3 M li zaus-str

⩚ = 1 M re-li-re

 = 3 M auf einer Hilfs-Nd hinter die Arbeit legen, 3 M re, die 3 M der Hilfs-Nd re str

 = 3 M auf einer Hilfs-Nd vor die Arbeit legen, 3 M re, die 3 M der Hilfs-Nd re str

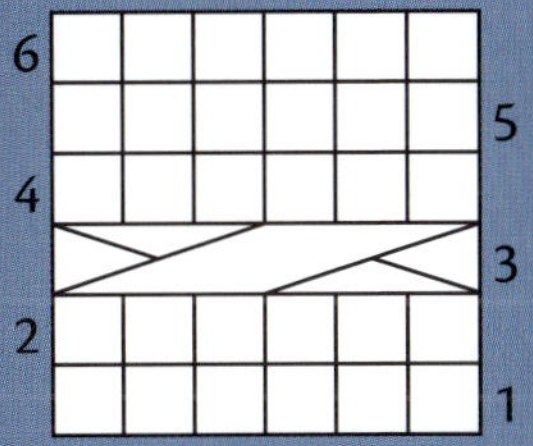

Nach rechts gedrehter Zopf

Über 6 M gearbeitet.

1. UND 5. REIHE (HIN-R) 6 M re.

2., 4. UND 6. REIHE (RÜCK-R) 6 M li.

3. REIHE 3 M auf einer Hilfs-Nd hinter die Arbeit legen, 3 M re, dann die 3 M der Hilfs-Nd re str.

Die 1.–6. R stets wdh.

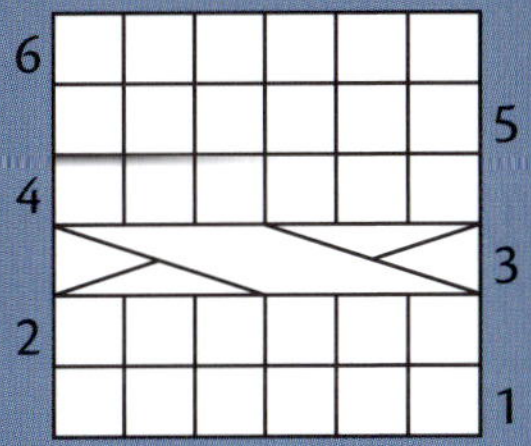

Nach links gedrehter Zopf

Über 6 M gearbeitet.

1. UND 5. REIHE (HIN-R) 6 M re.

2., 4. UND 6. REIHE (RÜCK-R) 6 M li.

3. REIHE 3 M auf einer Hilfs-Nd vor die Arbeit legen, 3 M re, dann die 3 M der Hilfs-Nd re str.

Die 1.–6. R stets wdh.

Nach rechts gedrehter Rhombenzopf

Strick-muster

Über 17 M gearbeitet.

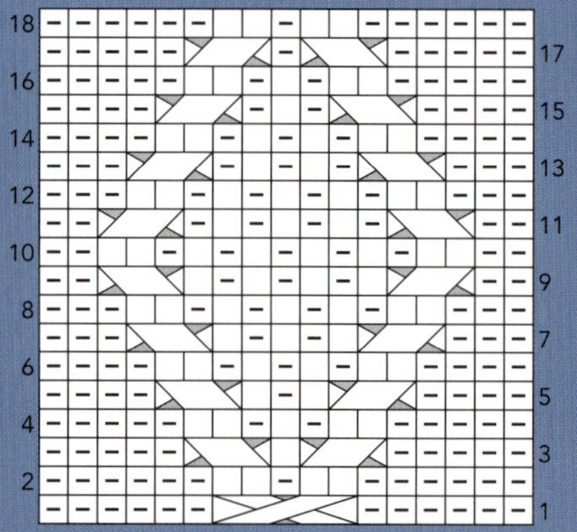

1. REIHE (HIN-R) 6 M li, 3 M auf einer Hilfs-Nd hinter die Arbeit legen, 2 M re, die letzte M der Hilfs-Nd auf die linke Nd heben und li str, die restlichen 2 M der Hilfs-Nd re str, 6 M li.

2. REIHE UND ALLE FOLGENDEN RÜCK-R Alle M str, wie sie erscheinen (siehe Seite 181).

3. REIHE 5 M li, 1 M auf einer Hilfs-Nd hinter die Arbeit legen, 2 M re, die 1 M der Hilfs-Nd li str, 1 M re, 2 M auf einer Hilfs-Nd vor die Arbeit legen, 1 M li, die 2 M der Hilfs-Nd re str, 5 M li.

5. REIHE 4 M li, 1 M auf einer Hilfs-Nd hinter die Arbeit legen, 2 M re, die 1 M der Hilfs-Nd li str, 1 M re, 1 M li, 1 M re, 2 M auf einer Hilfs-Nd vor die Arbeit legen, 1 M li, die 2 M der Hilfs-Nd re str, 4 M li.

7. REIHE 3 M li, 1 M auf einer Hilfs-Nd hinter die Arbeit legen, 2 M re, die 1 M der Hilfs-Nd li str, * 1 M re, 1 M li; ab * noch 1 x wdh, 1 M re, 2 M auf einer Hilfs-Nd vor die Arbeit legen, 1 M li, die 2 M der Hilfs-Nd re str, 3 M li.

9. REIHE 2 M li, 1 M auf einer Hilfs-Nd hinter die Arbeit legen, 2 M re, die 1 M der Hilfs-Nd li str, * 1 M re, 1 M li; ab * noch 2 x wdh, 1 M re, 2 M auf einer Hilfs-Nd vor die Arbeit legen, 1 M li, die 2 M der Hilfs-Nd re str, 2 M li.

11. REIHE 2 M li, 2 M auf einer Hilfs-Nd vor die Arbeit legen, 1 M li, die 2 M der Hilfs-Nd re str, * 1 M li, 1 M re; ab * noch 2 x wdh, 1 M li, 1 M auf einer Hilfs-Nd hinter die Arbeit legen, 2 M re, die 1 M der Hilfs-Nd li str, 2 M li.

13. REIHE 3 M li, 2 M auf einer Hilfs-Nd vor die Arbeit legen, 1 M li, die 2 M der Hilfs-Nd re str, * 1 M li, 1 M re; ab * noch 1 x wdh, 1 M li, 1 M auf einer Hilfs-Nd hinter die Arbeit legen, 2 M re, die 1 M der Hilfs-Nd li str, 3 M li.

15. REIHE 4 M li, 2 M auf einer Hilfs-Nd vor die Arbeit legen, 1 M li, die 2 M der Hilfs-Nd re str, 1 M li, 1 M re, 1 M li, 1 M auf einer Hilfs-Nd hinter die Arbeit legen, 2 M re, die 1 M der Hilfs-Nd li str, 4 M li.

17. REIHE 5 M li, 2 M auf einer Hilfs-Nd vor die Arbeit legen, 1 M li, die 2 M der Hilfs-Nd re str, 1 M li, 1 M auf einer Hilfs-Nd hinter die Arbeit legen, 2 M re, die 1 M der Hilfs-Nd li str, 5 M li.

Die 1.–18. R stets wdh.

Musterbeginn

1. REIHE (HIN-R) Zu den dickeren Nd wechseln. 1 M re (= Rand-M glatt re), über die nächsten 12/16 M die 1. R des Dornröschenmusters str (siehe Seite 151).

2 M li (glatt li: in Hin-R li, in Rück-R re str), * über die nächsten 6 M die 1. R des nach rechts gedrehten Zopfes str (siehe Seite 151), über die nächsten 17 M die 1. R des nach rechts gedrehten Rhombenzopfes str (siehe Seite 152); ab * noch 1 x wdh, über die nächsten 6 M die 1. R des nach rechts gedrehten Zopfes str, 1 M li (glatt li), über die mittleren 24/32 M die 1. R des Dornröschenmusters str.

1 M li (glatt li), ** über die nächsten 6 M die 1. R des nach links gedrehten Zopfes str (siehe Seite 151), über die nächsten 17 M die 1. R des nach links gedrehten Rhombenzopfes str; ab ** noch 1 x wdh, über die nächsten 6 M die 1. R des nach links gedrehten Zopfes str, 2 M li (glatt li), über die nächsten 12/16 m die 3. R des Dornröschenmusters str, enden mit 1 M re (= Rand-M glatt re).

Strick-muster

Nach links gedrehter Rhombenzopf

Über 17 M gearbeitet.

Wie den nach rechts gedrehten Rhombenzopf str, jedoch die 1. R arb wie folgt:

1. REIHE (HIN-R) 6 M li, 3 M auf einer Hilfs-Nd vor die Arbeit legen, 2 M re, die 1. M der Hilfs-Nd auf die linke Nd heben und li str, die restlichen 2 M der Hilfs-Nd re str, 6 M li.

 = in Hin-R 1 M re, in Rück-R 1 M li

 = in Hin-R 1 M li, in Rück-R 1 M re

 = 1 M auf einer Hilfs-Nd hinter die Arbeit legen, 2M re, die 1 M der Hilfs-Nd li str

 = 2 M auf einer Hilfs-Nd vor die Arbeit legen, 1 M li, die 2 M der Hilfs-Nd re str

 = 3 M auf einer Hilfs-Nd hinter die Arbeit legen, 2M re, die letzte M der Hilfs-Nd auf die linke Nd heben und li str, die übrigen 2 M der Hilfs-Nd re str

 = 3 M auf einer Hilfs-Nd vor die Arbeit legen, 2 M re, die letzte M der Hilfs-Nd auf die linke Nd heben und li str, die übrigen 2 M der Hilfs-Nd re str

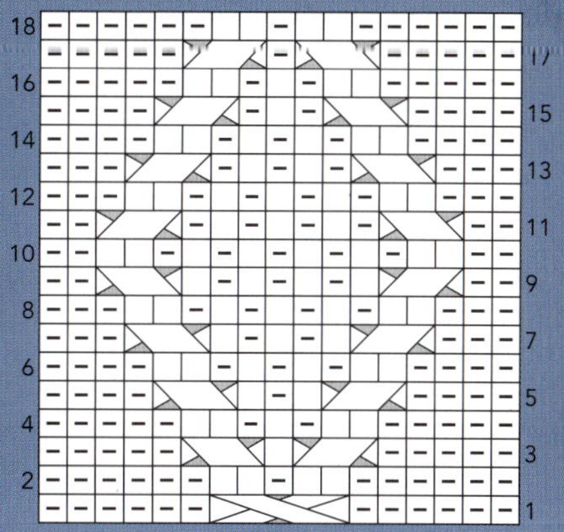

NÄCHSTE REIHEN Die Rand-M durchweg glatt re str und in der vorgegebenen Mustereinteilung weiterstr bis zu einer Gesamthöhe von 35,5 cm.

HINWEIS Achten Sie darauf, in der 1. Rück-R für die 1. Fläche im Dornröschenmuster die 4. Muster-R zu arb, für die mittlere Fläche und diejenige am R-Ende jedoch die 2. Muster-R zu arb. Auf diese Weise schließt die linke Seite des Rückenteils mit der 4., die rechte mit der 2. R des Musters ab.

Maschen für die Armausschnitte abketten

1. UND 2. REIHE In der vorgegebenen Mustereinteilung str und dabei am Beginn der nächsten 2 R jeweils 8 M abk (= 144/160 M).

An beiden Rändern wird nun eine andere M zur Rand-M, gefolgt von 4/8 M im Dornröschenmuster.

Abnahmen für die Armausschnitte

HINWEIS Machen Sie beim Abnehmen für die Armausschnitte die nun 1. bzw. letzte M jeder R zur Rand-M (= glatt re str) und arbeiten Sie in der vorgegebenen Mustereinteilung über die M dazwischen weiter.

NÄCHSTE REIHEN Innerhalb der Rand-M 1/2 x den 4-reihigen Rapport für die Abn im Dornröschenmuster arb (siehe Seite 170).

Danach sind alle M im Dornröschenmuster am R-Beginn und -Ende verschwunden (= 136/144 M).

NÄCHSTE REIHEN Nur für Oberweite 114,5 cm in den nächsten 4 R beidseitig 1 M abn wie folgt: 1 M re (= Rand-M), 2 M li zus-str, in der vorgegebenen Mustereinteilung str bis zu den letzten 3 M, 2 M li zus-str, 1 M re (= Rand-M). Nach der letzten Abn-R 1 Rück-R ohne Abn arb (= 128 M für Oberweite 114,5 cm).

NÄCHSTE 2 REIHEN Für beide Größen in der vorgegebenen Mustereinteilung str.

NÄCHSTE REIHE (HIN-R) 1 M re (Rand-M), 2 M li zus-str, in der vorgegebenen Mustereinteilung str bis zu den letzten 3 M, 2 M li zus-str, 1 M re (= Rand-M; = 126/142 M).

NÄCHSTE REIHEN In der vorgegebenen Mustereinteilung weiterstr, bis die Armausschnitte von der Abkett-R aus 24 cm hoch sind; mit einer 8. R der Rhombenzöpfe enden.

NÄCHSTE REIHE (HIN-R) Damit das Rückenteil an den Schultern keine Falten wirft, die 6 M jedes Zopfes auf 3 M abn wie folgt:

Nach rechts gedrehte Zöpfe: 3 M auf einer Hilfs-Nd hinter die Arbeit legen, dann die 3 M der Hilfs-Nd und die nächsten 3 M paarweise zus-str (= 3 x je 1 M von der Haupt- und 1 M von der Hilfs-Nd re zus-str).

Nach links gedrehte Zöpfe: 3 M auf einer Hilfs-Nd vor die Arbeit legen, dann die 3 M der Hilfs-Nd und die nächsten 3 M paarweise zus-str (= 3 x je 1 M von der Haupt- und 1 M von der Hilfs-Nd re zus-str).

Übrig bleiben 108/124 M.

NÄCHSTE REIHE (RÜCK-R) Alle M str, wie sie erscheinen.

Für die Schultern beidseitig die äußeren 38/42 M auf Maschenraffern stilllegen.

Auf einem weiteren Maschenraffer die mittleren 32/40 M für den hinteren Halsausschnitt stilllegen.

Anleitung für das rechte Vorderteil

Bündchen

MASCHENANSCHLAG Mit den dickeren Nd 69/81 M anschl.

Zu den dünneren Nd wechseln.

1. REIHE (HIN-R) 1 M re, * 1 M li, 1 M re; ab * fortlfd wdh bis R-Ende.

2. REIHE (RÜCK-R) 1 M li, * 1 M re, 1 M li; ab * fortlfd wdh bis R-Ende.

NÄCHSTE REIHEN Die 1. und 2. R bis zu einer Bündchenhöhe von 5 cm stets wdh; mit einer Rück-R enden.

NÄCHSTE REIHE (HIN-R) 8 M im eingeteilten Rippenmuster (1 M re, 1 M li im Wechsel) str, diese 8 M auf einem Maschenraffer stilllegen, dann im Rippenmuster weiterstr bis R-Ende (= 61/73 M).

Mustereinteilung und Zunahmen

EINTEILUNGSREIHE (RÜCK-R) Die Aranmuster entsprechend der gewählten Größe einteilen und M zun wie folgt:

Größe 1 (Oberweite 114,5 cm)

1 M li (= Rand-M), * 4 M im eingeteilten Rippenmuster, 1 M zun; ab * noch 1 x wdh, 1 M im Rippenmuster, 1 M zun, 1 M re, 3 x 1 li Mvh, ** 6 M re, 1 li Mvh, 1 M re, 1 li Mvh, 6 M re, 3 x 1 li Mvh; ab ** noch 1 x wdh, 1 M re, 1 M im Rippenmuster, 1 M zun, *** 4 M im Rippenmuster, 1 M zun; ab *** noch 1 x wdh, 1 M li (= Rand-M).

Größe 2 (Oberweite 127 cm)

1 M li (= Rand-M), 4 M im eingeteilten Rippenmuster, 1 M zun, 11 M im Rippenmuster, 1 M re, 3 x 1 li Mvh, * 6 M re, 1 li Mvh, 1 M re, 1 li Mvh, 6 M re, 3 x 1 li Mvh; ab * noch 1 x wdh, 1 M re, 11 M im Rippenmuster, 1 M zun, 4 M im Rippenmuster, 1 M li (= Rand-M).

Sie haben nun 80/88 M auf den Nd.

Musterbeginn

1. REIHE (HIN-R) Zu den dickeren Nd wechseln. 1 M re (= Rand-M glatt re), über die nächsten 12/16 M die 3. R des Dornröschenmusters str.

1 M li (glatt li).

* Über die nächsten 6 M die 1. R des nach links gedrehten Zopfes str, dann über die folgenden 17 M die 1. R des nach links gedrehten Rhombenzopfes str; ab * noch 1 x wdh.

Über die nächsten 6 M die 1. R des nach links gedrehten Zopfes str, 1 M li (glatt li).

Über die nächsten 12/16 M die 1. R des Dornröschenmusters str.

1 M re (= Rand-M glatt re).

NÄCHSTE REIHEN Die Rand-M durchweg glatt re str und in der vorgegebenen Mustereinteilung weiterstr bis zu einer Gesamthöhe von 33 cm. Auf der Seite des Halsausschnitts einen Markierungsring anbringen.

HINWEIS Achten Sie darauf, in der 1. Rück-R für die 1. Fläche im Dornröschenmuster (an der Seitennaht) die 2. Muster-R, für die Fläche in der vorderen Mitte jedoch die 4. Muster-R zu arb.

Abnahmen für Arm- und Halsausschnitt

HINWEIS Beachten Sie die Informationen zum Abnehmen von Maschen im Dornröschenmuster auf Seite 170.

NÄCHSTE REIHEN Auf der Seite des Halsausschnitts (= am Beginn der Hin-R bzw. am Ende der Rück-R) 2 x Abn über je 4 R arb, wie auf Seite 170 beschrieben (= 72/80 M).

In der vorderen Mitte liegen nun 4/8 M im Dornröschenmuster neben der Rand-M.

HINWEIS Die Abn für den Armausschnitt beginnen bereits während der Abn für den rechten vorderen Halsausschnitt. Beginnen Sie in einer Höhe von 37 cm nach einer 1. R im Dornröschenmuster an der Seitenkante des Vorderteils (= Ende der Hin-R) mit den Abn für den Armausschnitt. Überprüfen Sie Ihre Arbeit immer wieder, um den Zeitpunkt für den Beginn des Armausschnitts nicht zu verpassen.

NÄCHSTE REIHEN Auf der Seite des Halsausschnitts noch 1/2 x die Abn über 4 R im Dornröschenmuster arb (siehe Seite 170).

Damit bleiben in der vorderen Mitte keine M im Dornröschenmuster übrig, und jede Hin-R beginnt mit 1 M re (= Rand-M), 1 M li, nach links gedrehter Zopf über 6 M.

NÄCHSTE 3 REIHEN Ohne Abn auf der Seite des Halsausschnitts str; mit einer Rück-R enden.

NÄCHSTE REIHE (HIN-R = 3. R DES ZOPFES = VERZOPFUNGS-R) Über dem nach links gedrehten Zopf neben dem Halsausschnitt M abn wie folgt: 1 M re, 1 M li, 3 M auf einer Hilfs-Nd vor die Arbeit legen, 2 M re zus-str, 1 M re, die 3 M der Hilfs-Nd re str, im Muster str bis R-Ende (5 Zopf-M bleiben übrig).

NÄCHSTE 5 REIHEN In der vorgegebenen Mustereinteilung str.

NÄCHSTE REIHE (HIN-R) 1 M re, 1 M li, 2 M auf einer Hilfs-Nd vor die Arbeit legen, 2 M re zus-str, 1 M re, die 2 M der Hilfs-Nd re str, im eingeteilten Muster str bis R-Ende (4 Zopf-M bleiben übrig).

NÄCHSTE 5 REIHEN In der vorgegebenen Mustereinteilung str.

NÄCHSTE REIHE (HIN-R) 1 M re, 1 M li, 2 M auf einer Hilfs-Nd vor die Arbeit legen, 2 M re zus-str, die 2 M der Hilfs-Nd re str, im eingeteilten Muster str bis R-Ende (3 Zopf-M bleiben übrig).

NÄCHSTE 5 REIHEN In der vorgegebenen Mustereinteilung str.

NÄCHSTE REIHE (HIN-R) 1 M re, 1 M li, 1 M auf einer Hilfs-Nd vor die Arbeit legen, 2 M re zus-str, die 1 M der Hilfs-Nd re str, im eingeteilten Muster str bis R-Ende (2 Zopf-M bleiben übrig).

NÄCHSTE 5 REIHEN In der vorgegebenen Mustereinteilung str.

NÄCHSTE REIHE (HIN-R) 1 M re, 1 M li, 2 M li zus-str (restliche 2 Zopf-M), im eingeteilten Muster str bis R-Ende (1 Zopf-M bleibt übrig und ist zur li M geworden).

NÄCHSTE 3 REIHEN In der vorgegebenen Mustereinteilung str.

NÄCHSTE REIHE (HIN-R) 1 M re, 1 M li, 2 M li zus-str, im eingeteilten Muster str bis R-Ende.

NÄCHSTE 3 REIHEN In der vorgegebenen Mustereinteilung str.

NÄCHSTE REIHE (HIN-R) 1 M re, 1 M li, 2 M li zus-str, im eingeteilten Muster str bis R-Ende.

Nach der letzten Abn für den Halsausschnitt sind insgesamt 19/23 M abgenommen.

Maschen für den Armausschnitt abketten

HINWEIS Für den Armausschnitt werden bereits während der Arbeit an der rechten Seite des Halsausschnitts M abgekettet bzw. abgenommen. Beginnen Sie mit der Abkett-R für den Armausschnitt bei einer Gesamthöhe von 37 cm nach einer 1. R des Dornröschenmusters bei der Musterfläche an der Seitenkante des Vorderteils (am Ende der Hin-R).

ABKETTREIHE FÜR DEN ARMAUSSCHNITT (RÜCK-R) Am Beginn der R (2. R des Dornröschenmusters an der Seitenkante) 8 M abk. Nach der Rand-M bleiben an dieser Seite 4/8 M im Dornröschenmuster übrig.

HINWEIS Arbeiten Sie wie zuvor die neue Rand-M am Armausschnitt glatt re und stricken Sie über die mittleren M im eingeteilten Muster weiter.

Abnahmen für den Armausschnitt

NÄCHSTE REIHEN Im eingeteilten Muster und mit den Abn für den Halsausschnitt weiterstr; gleichzeitig auf der Seite des Armausschnitts (= Ende der Hin-R bzw. Anfang der Rück-R) 1/2 x die Abn über 4 R im Dornröschenmuster arb (siehe Seite 170). Mit einer 2. R des Dornröschenmusters an der Seitenkante enden. Damit bleiben keine M im Dornröschenmuster an der Seitenkante übrig.

NÄCHSTE REIHEN Für Größe 1 (Oberweite 114,5 cm) in der vorgegebenen Mustereinteilung weiterstr, dabei 4 x in jeder folgenden Hin-R auf der Seite des Armausschnitts 1 M abn wie folgt: Im Muster str bis zu den letzten 3 M, 2 M li zus-str, 1 M re (= Rand-M). Nach der letzten Abn-R 1 Rück-R ohne Abn arb.

Für Größe 2 (Oberweite 127 cm) 8 R in der vorgegebenen Mustereinteilung str.

NÄCHSTE 2 REIHEN Für beide Größen in der vorgegebenen Mustereinteilung str.

NÄCHSTE REIHE (HIN-R) In der vorgegebenen Mustereinteilung str bis zu den letzten 3 M, 2 M li zus-str, 1 M re (= Rand-M). Nach der letzten Abn für den Armausschnitt haben Sie auf der Seite des Armausschnitts 17 M abgenommen.

Nach den Abn für Hals- und Armausschnitt bleiben 44/48 M übrig.

NÄCHSTE REIHEN In der vorgegebenen Mustereinteilung weiterstr, bis der Armausschnitt von der Abkett-R aus 24 cm hoch ist; mit einer 8. R des Rhombenzopfes enden.

NÄCHSTE REIHE (HIN-R) Damit das rechte Vorderteil an der Schulter keine Falten wirft, die 6 M der beiden verbleibenden nach links gedrehten Zöpfe auf 3 M abn wie folgt:

3 M auf einer Hilfs-Nd vor die Arbeit legen, dann die 3 M der Hilfs-Nd und die nächsten 3 M paarweise zus-str (= 3 x je 1 M von der Haupt- und 1 M von der Hilfs-Nd re zus-str).

Übrig bleiben 38/42 M.

NÄCHSTE REIHE (RÜCK-R) Alle M str, wie sie erscheinen, und auf einem Maschenraffer stilllegen.

Anleitung für das linke Vorderteil

Bündchen

MASCHENANSCHLAG Mit den dickeren Nd 68/80 M anschl.

Zu den dünneren Nd wechseln.

NÄCHSTE REIHEN 6 R im Rippenmuster str, wie beim Rückenteil beschrieben; mit einer Rück-R enden.

NÄCHSTE REIHE (HIN-R) Das Knopfloch beginnen: Im Rippenmuster str bis zu den letzten 4 M, ein 1 m langes Stück Arbeitsfaden anschlingen (das Ende ca. 30 cm lang hängen lassen) und die letzten 4 M mit dem neuen Faden im Rippenmuster str.

NÄCHSTE REIHEN Die 4 M an der Kante in der vorderen Jackenmitte mit dem separaten Fadenstück str; auf diese Weise 3 weitere R im Rippenmuster str; mit einer Rück-R enden. So entsteht ein vertikaler Schlitz für ein Knopfloch.

NÄCHSTE REIHE (HIN-R) Mit dem ursprünglichen Garnknäuel über alle M str. Das Ende des separaten Fadenstücks am oberen Ende des Knopflochs hängen lassen. Die Fadenenden werden später zum Verstärken des Knopflochs verwendet.

NÄCHSTE REIHEN Im Rippenmuster weiterstr bis zu einer Bündchenhöhe von 5 cm; mit einer Rück-R enden.

NÄCHSTE REIHE (HIN-R) In der vorgegebenen Mustereinteilung str bis zu den letzten 8 M. Die letzten 8 M auf einem Maschenraffer stilllegen.

Es bleiben 60/72 M übrig.

Mustereinteilung und Zunahmen

EINTEILUNGSREIHE (RÜCK-R) Die Aranmuster entsprechend der gewählten Größe einteilen und M zun wie folgt:

Größe 1 (Oberweite 114,5 cm)

1 M li (= Rand-M), * 1 M zun, 4 M im eingeteilten Rippenmuster; ab * noch 1 x wdh, 1 M zun, 1 M im Rippenmuster, 1 M zun, 3 x 1 li Mvh, ** 6 M re, 1 li Mvh, 1 M re, 1 li Mvh, 6 M re, 3 x 1 li Mvh; ab ** noch 1 x wdh, 1 M re, 1 M im Rippenmuster, 1 M zun, *** 4 M im Rippenmuster, 1 M zun; ab *** noch 1 x wdh, 1 M li (= Rand-M).

Größe 2 (Oberweite 127 cm)

1 M li (= Rand-M), 4 M im eingeteilten Rippenmuster, 1 M zun, 10 M im Rippenmuster, 1 M zun, 1 M re, 3 x 1 li Mvh, * 6 M re, 1 li Mvh, 1 M re, 1 li Mvh, 6 M re, 3 x 1 li Mvh; ab * noch 1 x wdh, 1 M re, 11 M im Rippenmuster, 1 M zun, 4 M im Rippenmuster, 1 M li (= Rand-M).

Sie haben nun 80/88 M auf der Nd.

Musterbeginn

1. REIHE (HIN-R) Zu den dickeren Nd wechseln. 1 M re (= Rand-M glatt re), über die nächsten 12/16 M die 3. R des Dornröschenmusters str.

1 M li (glatt li), * über die nächsten 6 M die 1. R des nach rechts gedrehten Zopfes str, dann über die folgenden 17 M die 1. R des nach rechts gedrehten Rhombenzopfes str; ab * noch 1 x wdh.

Über die nächsten 6 M die 1. R des nach rechts gedrehten Zopfes str, 1 M li (glatt li).

Über die nächsten 12/16 M die 1. R des Dornröschenmusters str.

1 M re (= Rand-M glatt re).

NÄCHSTE REIHEN Die Rand-M durchweg glatt re str und in der vorgegebenen Mustereinteilung weiterstr bis zu einer Gesamthöhe von 33 cm. Auf der Seite des Halsausschnitts einen Markierungsring anbringen.

HINWEIS Achten Sie darauf, in der 1. Rück-R für die 1. Fläche im Dornröschenmuster in der vorderen Mitte (= Ende der Hin-R) die 2. Muster-R, für die Fläche an der Seitennaht jedoch die 4. Muster-R zu arb.

Abnahmen für Arm- und Halsausschnitt

HINWEIS Beachten Sie die Informationen zum Abnehmen von Maschen im Dornröschenmuster auf Seite 170.

NÄCHSTE REIHEN Auf der Seite des Halsausschnitts (= am Ende der Hin-R bzw. am Beginn der Rück-R) 2 x Abn über je 4 R arb, wie auf Seite 170 beschrieben (= 72/80 M).

In der vorderen Mitte liegen nun 4/8 M im Dornröschenmuster neben der Rand-M.

HINWEIS Die Abn für den Armausschnitt beginnen bereits während der Abn für den linken vorderen Halsausschnitt. Beginnen Sie in einer Höhe von 37 cm nach einer 2. R im Dornröschenmuster an der Seitenkante des Vorderteils (= Beginn der Hin-R) mit den Abn für den Armausschnitt. Überprüfen Sie Ihre Arbeit immer wieder, um den Zeitpunkt für den Beginn des Armausschnitts nicht zu verpassen.

NÄCHSTE REIHEN Auf der Seite des Halsausschnitts noch 1/2 x die Abn über 4 R im Dornröschenmuster arb (siehe Seite 170).

Damit bleiben in der vorderen Mitte keine M im Dornröschenmuster übrig, und jede Hin-R endet mit einem nach rechts gedrehten Zopf, 1 M li, 1 M re (= Rand-M).

NÄCHSTE 3 REIHEN Ohne Abn auf der Seite des Halsausschnitts str; mit einer Rück-R enden.

NÄCHSTE REIHE (HIN-R = 3. R DES ZOPFES = VERZOPFUNGS-R) Über dem nach rechts gedrehten Zopf neben dem Halsausschnitt M abn wie folgt: Im Muster str bis zum letzten Zopf, 3 M auf einer Hilfs-Nd hinter die Arbeit legen, 3 M re, von der Hilfs-Nd [2 M re zus-str, 1 M re], 1 M li, 1 M re (5 Zopf-M bleiben übrig).

NÄCHSTE 5 REIHEN In der vorgegebenen Mustereinteilung str.

NÄCHSTE REIHE Im Muster str bis zum letzten Zopf, 3 M auf einer Hilfs-Nd hinter die Arbeit legen, 2 M re, von der Hilfs-Nd [2 M re zus-str, 1 M re], 1 M li, 1 M re (4 Zopf-M bleiben übrig).

NÄCHSTE 5 REIHEN In der vorgegebenen Mustereinteilung str.

NÄCHSTE REIHE Im Muster str bis zum letzten Zopf, 2 M auf einer Hilfs-Nd hinter die Arbeit legen, 2 M re, die 2 M der Hilfs-Nd re zus-str, 1 M li, 1 M re (3 Zopf-M bleiben übrig).

NÄCHSTE 5 REIHEN In der vorgegebenen Mustereinteilung str.

NÄCHSTE REIHE Im Muster str bis zum letzten Zopf, 2 M auf einer Hilfs-Nd hinter die Arbeit legen, 1 M re, die 2 M der Hilfs-Nd re zus-str, 1 M li, 1 M re (2 Zopf-M bleiben übrig).

NÄCHSTE 5 REIHEN In der vorgegebenen Mustereinteilung str.

NÄCHSTE REIHE Im Muster str bis zum letzten Zopf, 2 M li zus-str (= die restlichen 2 Zopf-M), 1 M li, 1 M re (1 Zopf-M bleibt übrig und ist zur li M geworden).

NÄCHSTE 3 REIHEN In der vorgegebenen Mustereinteilung str.

NÄCHSTE REIHE (HIN-R) Im Muster str bis zu den letzten 4 M, 2 M li zus-str, 1 M li, 1 M re.

NÄCHSTE 3 REIHEN In der vorgegebenen Mustereinteilung str.

NÄCHSTE REIHE (HIN-R) Im Muster str bis zu den letzten 4 M, 2 M li zus-str, 1 M li, 1 M re.

Nach der letzten Abn für den Halsausschnitt sind insgesamt 19/23 M abgenommen.

Maschen für den Armausschnitt abketten

HINWEIS Für den Armausschnitt werden bereits während der Arbeit an der linken Seite des Halsausschnitts M abgekettet bzw. abgenommen. Beginnen Sie mit der Abkett-R für den Armausschnitt bei einer Gesamthöhe von 37 cm nach einer 2. R des Dornröschenmusters bei der Musterfläche an der Seitenkante des Vorderteils (am Beginn der Hin-R).

ABKETT-REIHE FÜR DEN ARMAUSSCHNITT (HIN-R) Am Beginn der nächsten Hin-R 8 M abk. Auf dieser Seite bleiben 4/8 M im Dornröschenmuster übrig.

NÄCHSTE REIHE (RÜCK-R) In der vorgegebenen Mustereinteilung str und an der Seitenkante mit einer 4. R des Dornröschenmusters enden.

HINWEIS Arbeiten Sie wie zuvor die Rand-M jeder R glatt re und stricken Sie über die mittleren M im eingeteilten Muster weiter.

Abnahmen für den Armausschnitt

NÄCHSTE REIHEN Im eingeteilten Muster und mit den Abn für den Halsausschnitt weiterstr; gleichzeitig auf der Seite des Armausschnitts (= Beginn der Hin-R, Ende der Rück-R) 1/2 x die Abn über 4 R im Dornröschenmuster arb, wie auf Seite 170 beschrieben. Mit einer 4. R des Dornröschenmusters an der Seitenkante enden.

Damit bleiben keine M im Dornröschenmuster an der Seitenkante übrig.

NÄCHSTE REIHEN Für Größe 1 (Oberseite 114,5 cm) in der vorgegebenen Mustereinteilung weiterstr, dabei 4 x in jeder folgenden Hin-R M abn wie folgt: 1 M re (= Rand-M), 2 M li zus-str, im Muster str bis R-Ende. Nach der letzten Abn-R 1 Rück-R ohne Abn str.

Für Größe 2 (Oberweite 127 cm) 8 R in der vorgegebenen Mustereinteilung str.

NÄCHSTE 2 REIHEN Für beide Größen in der vorgegebenen Mustereinteilung str.

NÄCHSTE REIHE (HIN-R) 1 M re (= Rand-M), 2 M re zus-str, in der vorgegebenen Mustereinteilung str bis R-Ende.

Nach der letzten Abn für den Armausschnitt haben Sie auf der Seite des Armausschnitts 17 M abgenommen.

Nach den Abn für Hals- und Armausschnitt bleiben 44/48 M übrig.

NÄCHSTE REIHEN In der vorgegebenen Mustereinteilung weiterstr, bis der Armausschnitt von der Abkett-R aus 24 cm hoch ist; mit einer 8. R des Rhombenzopfes enden.

NÄCHSTE REIHE (HIN-R) Damit das rechte Vorderteil an der Schulter keine Falten wirft, die 6 M der beiden verbleibenden nach rechts gedrehten Zöpfe auf 3 M abn wie folgt:

3 M auf einer Hilfs-Nd hinter die Arbeit legen, dann die 3 M der Hilfs-Nd und die nächsten 3 M paarweise zus-str (= 3 x je 1 M von der Haupt- und 1 M von der Hilfs-Nd re zus-str).

Übrig bleiben 38/42 M.

NÄCHSTE REIHE (RÜCK-R) Alle M str, wie sie erscheinen, und auf einem Maschenraffer stilllegen.

Schultern verbinden

Die Schulter-M auf der rechten Seite des Vorderteils und die entsprechenden M des Rückenteils durch Abk mit 3 Nd (siehe Seite 178) mit den dickeren Nd verbinden. Die Schulter-M auf der linken Seite ebenso verbinden. Die mittleren M für den hinteren Halsausschnitt bleiben auf dem Maschenraffer.

Anleitung für den linken Ärmel

Bündchen

MASCHENANSCHLAG Mit den dickeren Nd 56 M anschl. Zu den dünneren Nd wechseln.

NÄCHSTE REIHEN Im Rippenmuster str, wie beim Rückenteil beschrieben, bis zu einer Bündchenhöhe von 5,5 cm; mit einer Hin-R enden.

Mustereinteilung und Zunahmen

Einteilungsreihe (Rück-R) Die Aranmuster einteilen und M zun wie folgt: 1 M li (= Rand-M), 1 M re, 1 M li, 6 M re, 1 li Mvh, 1 M re, 1 li Mvh, 6 M re, 3 x 1 li Mvh, 6 M re, 1 li Mvh, 1 M zun, 1 li Mvh, 6 M re, 3 x 1 li Mvh, 6 M re, 1 li Mvh, 1 M re, 1 li Mvh, 6 M re, 1 M li, 1 M re, 1 M li (= Rand-M; = 69 M).

Musterbeginn

1. REIHE (HIN-R) Zu den dickeren Nd wechseln. 1 M re (Rand M glatt re), 1 M li, 1 M re, über die nächsten 17 M die 1. R des nach rechts gedrehten Rhombenzopfes str, über die nächsten 6 M die 1. R des nach rechts gedrehten Zopfes str, über die nächsten 17 M die 1. R des nach rechts gedrehten Rhombenzopfes str, über die nächsten 6 M die 1. R des nach links gedrehten Zopfes str, über die nächsten 17 M die 1. R des nach rechts gedrehten Rhombenzopfes str, 1 M re, 1 M li, 1 M re (= Rand-M glatt re).

2.–4. REIHE 3 R in der vorgegebenen Mustereinteilung str, dabei die M am R-Beginn und am R-Ende str, wie sie erscheinen; mit einer Rück-R enden.

5. REIHE (HIN-R) 1 M re, 1 M li, 1 re Mvh, in der vorgegebenen Mustereinteilung str bis zu den letzten 3 M, 1 re Mvh, 1 M li, 1 M re (= 2 M zugenommen).

6.–8. REIHE In der vorgegebenen Mustereinteilung str.

9.–24. REIHE Die 5.–8. R noch 4 x wdh.

25. REIHE In der vorgegebenen Mustereinteilung str.

Sie haben nun 79 M auf den Nd; am R-Beginn und am R-Ende (dort, wo zugenommen wurde) sind jeweils 6 M glatt re gestrickt. Von nun an über diesen 6 M am Beginn der Hin-R einen nach rechts gedrehten und am R-Ende einen nach links gedrehten Zopf str; dabei die neuen Zöpfe in derselben R verkreuzen wie die bereits vorhandenen Zöpfe.

26.–28. REIHE 3 R in der vorgegebenen Mustereinteilung str.

29. REIHE (HIN-R) 1 M re, 1 M li, 1 li M zun, in der vorgegebenen Mustereinteilung str bis zu den letzten 2 M, 1 li M zun, 1 M li, 1 M re (= 2 M zugenommen).

30.–32. REIHE 3 R in der vorgegebenen Mustereinteilung str.

33. REIHE 1 M re, 2 M li, 1 re Mvh, in der vorgegebenen Mustereinteilung str bis zu den letzten 3 M, 1 re Mvh, 2 M li, 1 M re (= 2 M zugenommen).

34.–36. REIHE 3 R in der vorgegebenen Mustereinteilung str.

37.–56. REIHE Die 33.–36. M noch 5 x wdh.

Sie haben nun 93 M auf den Nd; am R-Beginn und am R-Ende (dort, wo zugenommen wurde) sind jeweils 6 M glatt re gestrickt. Von nun an über diesen 6 M am Beginn der Hin-R einen nach rechts gedrehten und am R-Ende einen nach links gedrehten Zopf str; dabei die neuen Zöpfe in derselben R verkreuzen wie die bereits vorhandenen Zöpfe.

57. REIHE (HIN-R) 1 M re, 1 li M zun, in der vorgegebenen Mustereinteilung str bis zur letzten M, 1 li M zun, 1 M re (= 2 M zugenommen).

58.–60. REIHE 3 R in der vorgegebenen Mustereinteilung str.

61.–80. REIHE Die 57.–60. R noch 5 x wdh.

Sie haben nun 105 M auf den Nd; zwischen der Rand-M und dem äußersten Zopf liegen beidseitig 6 glatt li M.

81. REIHE (HIN-R) 1 M re, über die nächsten 4 M die 1. R des Dornröschenmusters str, 1 li M zun, 2 M li, in der vorgegebenen Mustereinteilung str bis zu den letzten 8 M, 2 M li, 1 li M zun, über die nächsten 4 M die 3. R des Dornröschenmusters str, 1 M re (= 2 M zugenommen).

82.–84. REIHE 3 R in der vorgegebenen Mustereinteilung str.

HINWEIS Achten Sie darauf, in der 82. R (= Rück-R) auf der linken Seite des Ärmels die 4. R und auf der rechten Seite des Ärmels die 2. R des Dornröschenmusters zu str.

83.–96. REIHE Noch 3 x in jeder 4. R am Ende der 1. und am Beginn der 2. Fläche im Dornröschenmuster jeweils 1 li M zun und die neuen M in das Muster integrieren, sobald sich eine durch 4 teilbare M-Zahl ergibt; zwischen den äußersten Zöpfen und den Flächen im Dornröschenmuster stets 2 M glatt li str.

Sie haben nun 113 M auf den Nd; an die Rand-M schließen sich beidseitig 8 M im Dornröschenmuster an.

87.–102. REIHE Noch 8 x in jeder Hin-R am Ende der 1. und am Beginn der 2. Fläche im Dornröschenmuster 1 li M zun, die neuen M ins Dornröschenmuster integrieren und zwischen den äußersten Zöpfen und dem Dornröschenmuster 2 M glatt li str.

Sie haben nun 129 M auf den Nd; an die Rand-M schließen sich beidseitig 16 M im Dornröschenmuster an.

NÄCHSTE REIHEN In der vorgegebenen Mustereinteilung weiterstr bis zu einer Ärmellänge von 45,5 cm; mit einer 2. R des Dornröschenmusters auf der rechten Seite des Ärmels enden.

Maschen für die Armkugel abketten

NÄCHSTE 2 REIHEN In der vorgegebenen Mustereinteilung weiterstr; am Beginn der nächsten 2 R je 8 M abk; mit einer 4. R des Dornröschenmusters auf der rechten Seite des Ärmels enden.

Sie haben nun 113 M auf den Nd; an die Rand-M schließen sich beidseitig 8 M im Dornröschenmuster an.

Abnahmen für die Armkugel

HINWEIS Stricken Sie die neuen Rand-M am R-Beginn und R-Ende weiter glatt re und arbeiten Sie die M dazwischen in der vorgegebenen Mustereinteilung.

NÄCHSTE REIHEN Die Abn über 4 R im Dornröschenmuster (siehe Seite 170) 4 x arb, dabei beidseitig innerhalb der Rand-M abn; mit einer 4. R des Dornröschenmusters auf der rechten Seite und mit einer 2. R des Dornröschenmusters auf der linken Seite des Ärmels enden.

Sie haben nun 97 M auf den Nd, wobei nach bzw. vor der Rand-M keine M im Dornröschenmuster mehr anschließen.

NÄCHSTE REIHEN In der vorgegebenen Mustereinteilung weiterstr bis zu einer Höhe von 5 cm von der Abkett-R aus; mit einer 8. R des Rhombenzopfes enden.

NÄCHSTE REIHE (HIN-R) Damit die Oberkante des Ärmels keine Falten wirft, die 6 M jedes Zopfes auf 3 M abn wie folgt:

Nach rechts gedrehte Zöpfe: 3 M auf einer Hilfs-Nd hinter die Arbeit legen, dann die 3 M der Hilfs-Nd und die nächsten 3 M paarweise zus-str (= 3 x je 1 M von der Haupt- und 1 M von der Hilfs-Nd re zus-str).

Nach links gedrehte Zöpfe: 3 M auf einer Hilfs-Nd vor die Arbeit legen, dann die 3 M der Hilfs-Nd und die nächsten 3 M paarweise zus-str (= 3 x je 1 M von der Haupt- und 1 M von der Hilfs-Nd re zus-str).

Übrig bleiben 79 M. Alle M mustergemäß abk.

Anleitung für den rechten Ärmel

Bis zur Zun-R oberhalb des Bündchens arb wie den linken Ärmel (= 69 M).

Musterbeginn

1. REIHE (HIN-R) Zu den dickeren Nd wechseln. 1 M re (= Rand-M glatt re), 1 M li, 1 M re, über die nächsten 17 M die 1. R des nach links gedrehten Rhombenzopfes str, über die nächsten 6 M die 1. R des nach rechts gedrehten Zopfes str, über die nächsten 17 M die 1. R des nach links gedrehten Rhombenzopfes str, über die nächsten 6 M die 1. R des nach links gedrehten Zopfes str, über die nächsten 17 M die 1. R des nach links gedrehten Rhombenzopfes str, 1 M re, 1 M li, 1 M re (= Rand-M glatt re).

NÄCHSTE REIHEN In der vorgegebenen Mustereinteilung str, wie beim linken Ärmel beschrieben.

Blende für Vorderkanten und Halsausschnitt

BEGINN Die Stellen für die 6 Knöpfe entlang der rechten Vorderkante markieren: Der unterste Knopf wird passend zum Knopfloch im Taillenbündchen des linken Vorderteils platziert, der oberste 13 mm unterhalb der 1. Abnahme für den Halsausschnitt, die übrigen werden in gleichmäßigen Abständen dazwischen verteilt.

Linke Blende

1. REIHE Die 8 stillgelegten M von der Unterkante des linken Vorderteils auf 2 Nd eines Nd-Spiels nehmen und den Faden von der rechten Seite der Arbeit auf der Innenseite anschlingen, sodass Sie 1 Hin-R str können. 8 M im eingeteilten Rippenmuster str (Abb. 1); wenden.

2. REIHE (RÜCK-R) Im Rippenmuster str; wenden.

HINWEIS Die vertikale Line der Rand-M entlang der Kante des Vorderteils setzt sich aus lockeren und festen M im Wechsel zusammen. Die feste M sind auf der Abb. 2 mit einem kontrastfarbenen Faden durchzogen, um sie deutlich erkennbar zu machen.

Die Häkel-Nd in die 1. feste Schlinge oberhalb des Bündchens einstechen und eine Schlinge des Arbeitsfadens durchholen (Abb. 3 und 4).

HINWEIS Wenn Sie an einem Ende der Schlinge ziehen, wird sie größer, wenn Sie am anderen Ende ziehen, schließt sie fest an die Strickarbeit an. Das an der Strickarbeit befestigte Ende ist auf Abb. 4 oberhalb der Nd erkennbar.

3. REIHE (HIN-R) Die Schlinge so weit verlängern, dass Sie frei damit stricken können, und mit dem am Gestrick befestigten Ende im Muster über die 8 Rippen-M der vorderen Blende str; wenden.

4. REIHE (RÜCK-R) Im Muster über die gleichen 8 M zurück zur Innenkante der Blende zwischen Blende und Vorderteil str (Abb. 5).

Den Arbeitsfaden festziehen, bis der Fadenüberschuss der Schlinge vollständig verschwunden ist und die Fadenspannung jener der M entspricht.

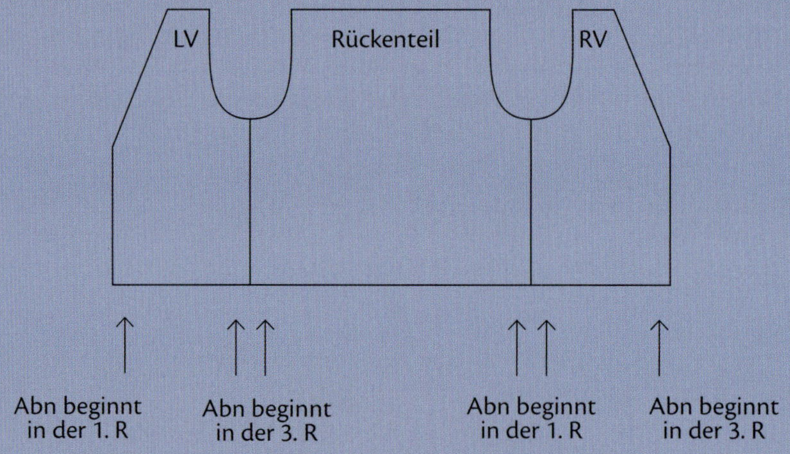

Abnahmen im Dornröschenmuster

Damit die versetzten Noppen beibehalten werden, nimmt man im Dornröschenmuster über 4 R hinweg M ab und beginnt damit in einer Hin-R. Die Abn werden stets mit den M oberhalb einer Noppe der Vor-R gearbeitet.

Manche Anweisungen in der Anleitung zu dieser Jacke erfordern, dass Sie mit einer 1. Muster-R beginnen, andere, dass Sie mit einer 3. Muster-R beginnen. Doch egal, wo Sie beginnen, werden die Abn in denselben Muster-R gestrickt wie folgt: Abn am Beginn einer Fläche im Dornröschenmuster fangen mit einer 1. R an, Abn am Ende einer Fläche im Dornröschenmuster fangen mit einer 3. R an.

So nehmen Sie am Beginn einer Fläche im Dornröschenmuster ab:

1. MUSTERREIHE 2 M li zus-str, li M str bis zum Ende der Fläche im Dornröschenmuster.

2. MUSTERREIHE Im eingeteilten Muster str bis zu den letzten 3 M des Dornröschenmusters, 3 M li zus-str.

3. MUSTERREIHE 2 M li zus-str, li M str bis zum Ende der Fläche im Dornröschenmuster.

4. MUSTERREIHE Das Dornröschenmuster wieder einteilen und die R im Muster str.

So nehmen Sie am Ende einer Fläche im Dornröschenmuster ab:

3. MUSTERREIHE Li M str bis zu den letzten 2 M im Dornröschenmuster, 2 M li zus-str.

4. MUSTERREIHE 3 M li zus-str, im eingeteilten Muster str bis zum Ende der Fläche im Dornröschenmuster.

1. MUSTERREIHE Li M str bis zu den letzten 2 M im Dornröschenmuster, 2 M li zus-str.

2. MUSTERREIHE Das Dornröschenmuster wieder einteilen und die R im Muster str.

In beiden Fällen haben Sie über 4 R hinweg insgesamt 4 M bzw. 1 Noppe abgenommen.
Die Grafik oben zeigt spiegelbildliche Abn. Die Abn am Beginn der Fläche im Dornröschenmuster auf der rechten Seite beginnt mit der 1. R. Die Abnahme am Ende der Fläche im Dornröschenmuster auf der linken Seite beginnt mit der 3. R.

NÄCHSTE REIHEN Mit der Häkel-Nd eine neue Schlinge durch die nächste Rand-M des Vorderteils holen und den Vorgang stets wdh; jeweils 2 R im Rippenmuster mit 1 Schlinge arb. Auf diese Weise stricken Sie Reihe für Reihe und befestigen die Blende in jeder 2. R mit dem Vorderteil (Abb. 6).

Weiterstr, bis die Blende zur nächsten Markierung für einen Knopf am rechten Vorderteil reicht.

Knopflöcher

BEGINN In der nächsten Hin-R mithilfe der Fadenschlinge im Rippenmuster str bis zu den letzten 4 M, ein ca. 1 m langes Stück Arbeitsfaden anschlingen (Fadenende 30 cm lang hängen lassen) und die letzten 4 M im Rippenmuster mit dem neuen Faden str. Wenden, 4 M mit dem separaten Faden str, dann 4 M mit der Fadenschlinge str.

NÄCHSTE 2 REIHEN Auf dieselbe Weise str; mit einer Rück-R enden (= vertikaler Schlitz für 1 Knopfloch über 4 R).

NÄCHSTE REIHE Wieder mit der Fadenschlinge über alle M hinweg str. Das Ende des separaten Fadens am oberen Ende des Knopflochs hängen lassen. Es wird später zum Verstärken des Knopflochs verwendet.

NÄCHSTE REIHEN Die Blende auf diese Weise weiterstr, bis alle 6 Knopflöcher eingestrickt sind. Gerade weiterstr bis zum Markierungsring am Beginn der Abn für den V-Ausschnitt am linken Vorderteil. Über die Ecke des V-Ausschnitts verkürzte R arb, damit die Blende sich nicht wirft (siehe auch Seite 138/139).

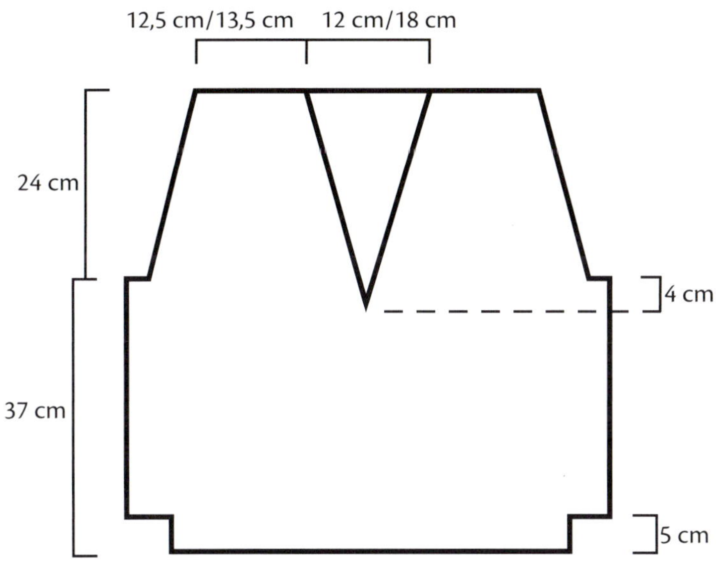

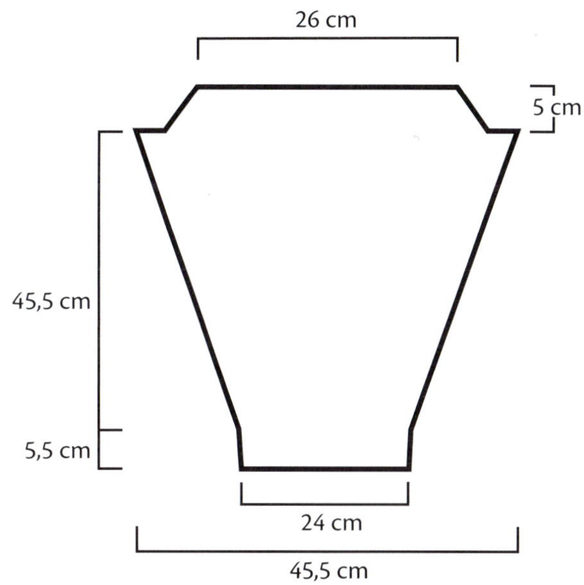

1. UND 2. REIHE 6 M im Rippenmuster str, die nächste M umwickeln und die Arbeit wenden (ww), 6 M im Rippenmuster str.

3. UND 4. REIHE 2 R über alle 8 M der Blende im Rippenmuster arb.

5. UND 6. REIHE Die 1. und 2. R wdh.

NÄCHSTE REIHEN Die Blende über alle 8 M weiterstr bis zur linken Schulter. Dann die 8 Blenden-M weiterstr, ohne sie mit der Jacke zu verbinden, bis sie, leicht gedehnt, die Mitte der M für den hinteren Halsausschnitt erreicht. Die 8 Blenden-M auf einem Maschenraffer stilllegen.

Rechte Blende

1. REIHE Die 8 stillgelegten M von der Unterkante des rechten Vorderteils auf 2 Nd eines Nd-Spiels nehmen und den Faden von der linken Seite der Arbeit auf der Innenseite anschlingen, sodass Sie 1 Rück-R str können. 8 M im eingeteilten Rippenmuster str. Die Arbeit wenden und die 8 M wieder im Rippenmuster str bis zur Kante des Vorderteils. Aus der Vorderkante des rechten Vorderteils Schlingen holen wie beim linken Vorderteil, dabei jedes Paar Blenden-R mit 1 Rück-R beginnen und mit 1 Hin-R beenden, um wieder an der Innenkante zwischen Blende und Vorderteil anzukommen. Auf diese Weise weiterstr bis zum Markierungsring am Beginn der Abn für den V-Ausschnitt des rechten Vorderteils. Verkürzte R arb, wie bei der linken Blende beschrieben.

NÄCHSTE REIHEN Die Blende über alle 8 M weiterstr bis zur rechten Schulter. Dann über die 8 Blenden-M weiterstr, ohne sie mit der Jacke zu verbinden, bis die Blende, leicht gedehnt, die Mitte der M für den hinteren Halsausschnitt erreicht. Die M der linken Blende wieder auf 1 Nd eines Nd-Spiels übertragen und die Blenden-M beider Seiten durch Abk mit 3 Nd (siehe Seite 177) oder im Maschenstich (siehe Seite 179) verbinden.

Fertigstellung

Alle Teile spannen, anfeuchten und trocknen lassen.

Die offenen M des hinteren Halsausschnitts an die Kante der Blende annähen, dabei darauf achten, dass wirklich jede M erfasst und gesichert wird. Ärmel- und Seitennähte schließen. Die Ärmel so in die Armausschnitte einnähen, dass die Mitte der Armkugel auf die Schulternaht trifft. Fadenenden vernähen. Die Knöpfe passend zu den Knopflöchern auf die rechte Frontblende nähen. Die Knopflöcher mit Knopflochstichen umstechen (siehe Seite 179).

Stricktechniken

Maschenanschlag

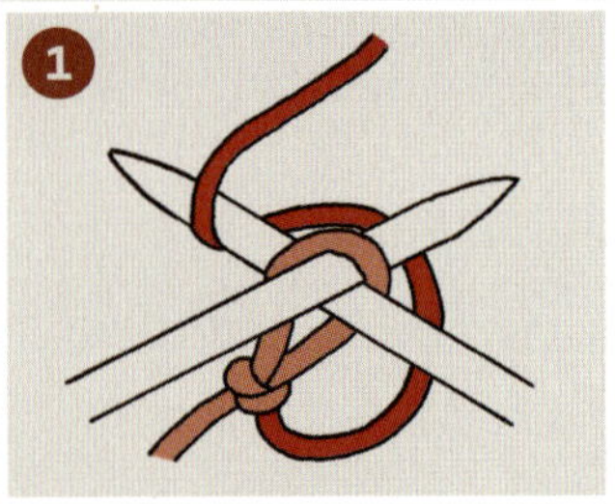

Es gibt verschiedene Möglichkeiten, Maschen anzuschlagen. Wählen Sie diejenige Technik, mit der Sie am besten zurechtkommen und die zu der gewünschten Optik passt.

Maschen aufstricken

Diese Methode des Aufstrickens mit zwei Nadeln eignet sich für alle Zwecke.

1. Eine Anfangsschlinge auf die Nadel nehmen. Mit einer zweiten Nadel aus dieser Schlinge eine rechte Masche herausstricken (Abb. 1).

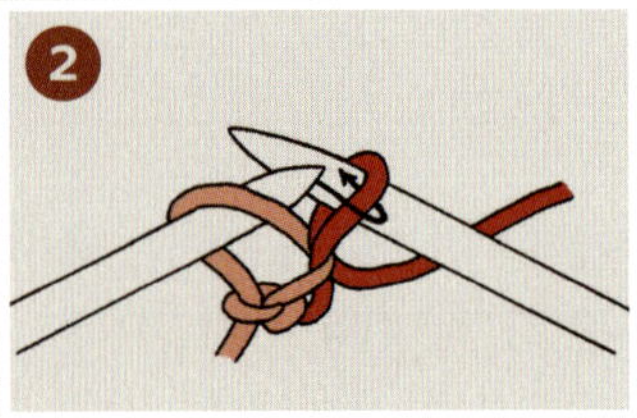

2. Diese Masche lang ziehen und auf die erste Nadel mit der Anfangsschlinge heben (Abb. 2).

3. Die zweite Nadel zwischen den beiden Maschen auf der ersten Nadel einstechen (Abb. 3).

4. Eine neue Masche zwischen den beiden Maschen herausstricken, in die Länge ziehen und auf die erste Nadel heben (Abb. 4).

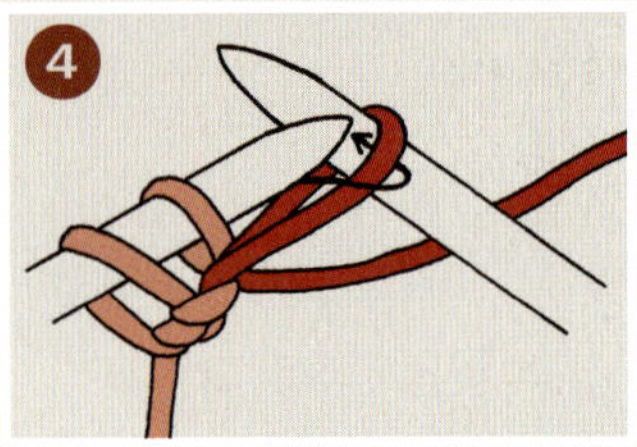

5. Auf diese Weise weiterarbeiten und jede neue Masche zwischen den beiden vorhergehenden Maschen auf der ersten Nadel herausstricken, bis die gewünschte Maschenzahl angeschlagen ist.

Kreuzanschlag

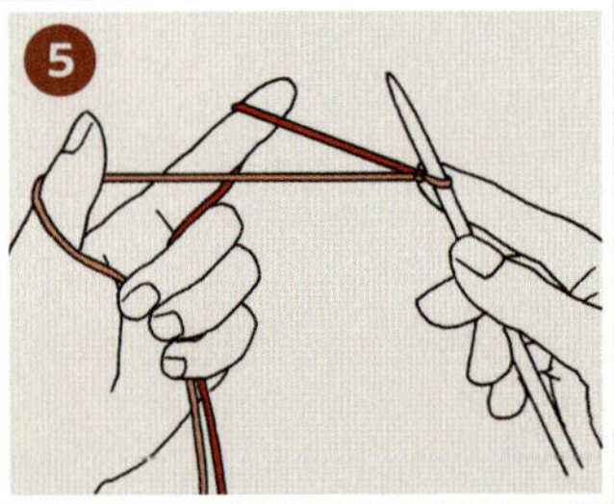

Für diese Allzweck-Methode brauchen Sie nur eine Nadel, erzielen aber eine lockerere Anschlagreihe, wenn Sie zwei Nadeln parallel legen.

1. Ein Fadenstück hängen lassen, das für die gewünschte Maschenzahl ausreicht (mit gut 2 cm pro Masche sind Sie auf der sicheren Seite), eine Anfangsschlinge arbeiten und auf die Nadel legen. Das lange Fadenende

um den Daumen, den vom Knäuel kommenden Faden um den Zeigefinger legen und beide Fäden mit den Fingern fixieren (Abb. 5).

2. Die Nadel von unten nach oben in die Daumenschlinge einstechen und von oben um den Zeigefingerfaden führen (Abb. 6 und 7).

3. Abb. 6 zeigt, wie die Nadel in die Daumenschlinge eingestochen wird; Abb. 7 verdeutlicht, wie sie um den Zeigefingerfaden geführt wird.

4. Mit der Nadel den Faden durch die Daumenschlinge holen (Abb. 8).

5. Die Daumenschlinge vom Daumen gleiten lassen, die Masche festziehen und über dem Daumen eine neue Schlinge bilden.

Rippenanschlag

Mit dieser Variante des Kreuzanschlags können Sie Maschen für das 1 Masche rechts, 1 Masche links gestrickte Rippenmuster anschlagen.

1. Die 1. Masche (1 M re) anschlagen, wie beim Kreuzanschlag beschrieben.

2. Für die 2. Masche (1 M li) die Nadel von hinten nach vorne unter dem Faden zwischen Zeige- und Mittelfinger einstechen und um den hinteren Daumenfaden führen (Abb. 9).

3. Zuletzt den Faden durch die Schlinge auf dem Zeigefinger holen und die Masche festziehen (Abb. 10).

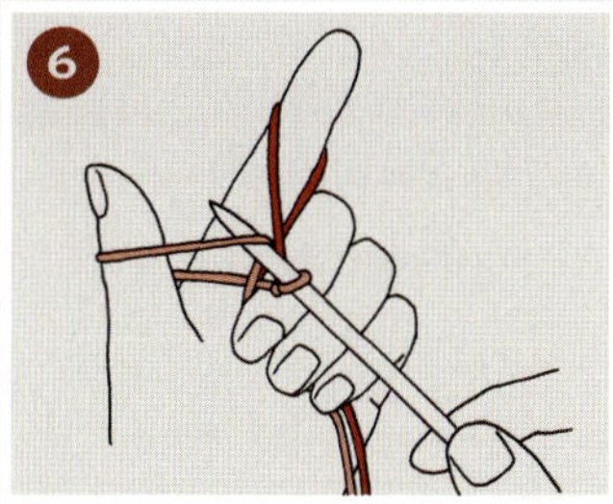

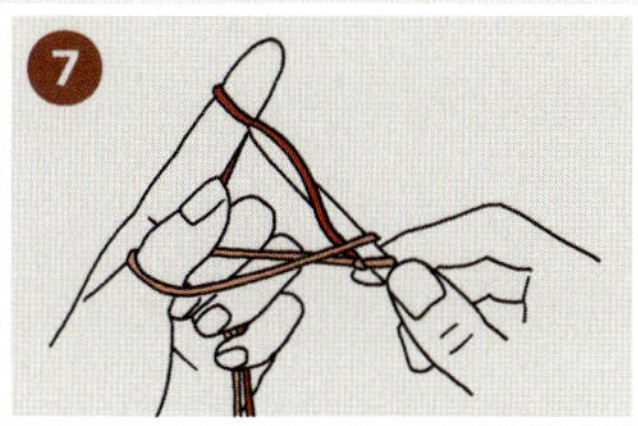

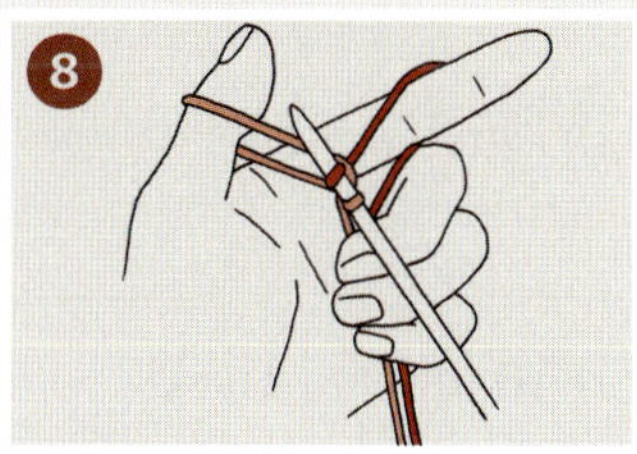

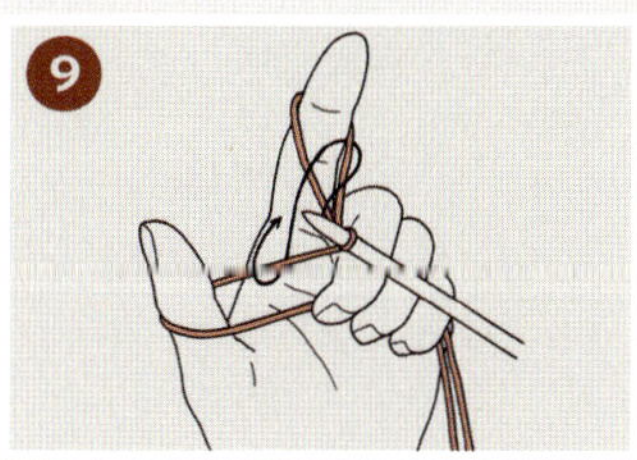

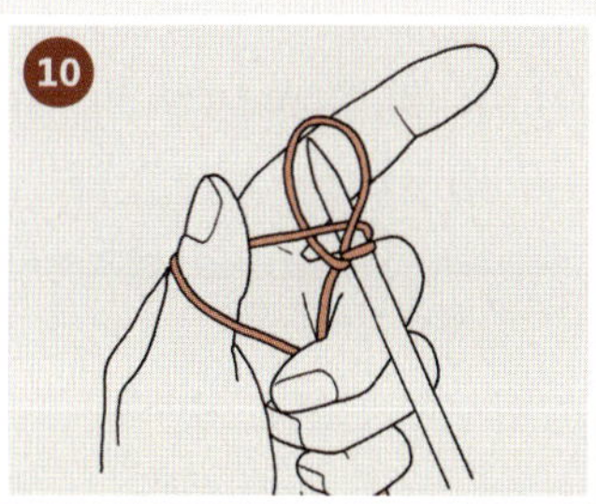

Provisorischer Maschenanschlag

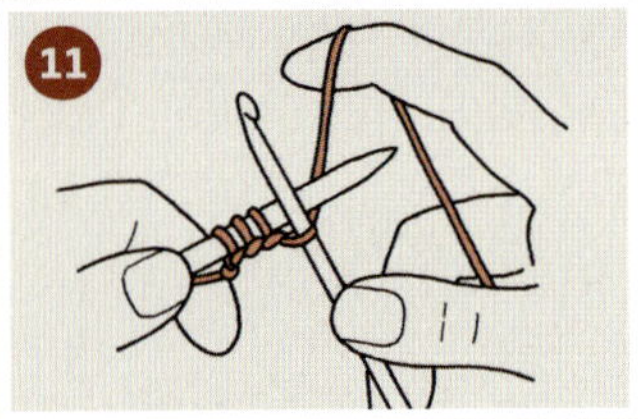

Auch für den provisorischen Maschenanschlag gibt es verschiedene Möglichkeiten. Die Maschen werden mit einem Hilfsfaden angeschlagen und mit dem eigentlichen Arbeitsfaden abgestrickt. Wenn die Anfangsmaschen offen gelegt werden sollen, entfernt man den Hilfsfaden vorsichtig und überträgt die offenen Maschen auf eine Nadel, sodass man in entgegengesetzter Richtung weiterstricken kann, beispielsweise um das Bündchen zu ergänzen. Wenn Sie die Maschen auf die unten beschriebene Weise provisorisch anschlagen, können Sie den Hilfsfaden besonders einfach aus dem Gestrick entfernen.

Eine Anfangsschlinge auf eine Häkelnadel legen. Die Stricknadel am oberen Ende eines langen Fadenstücks halten (Abb. 11).

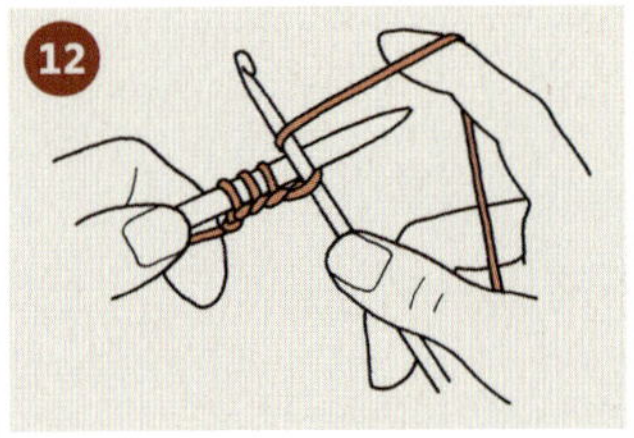

1. * Mit der Häkelnadel den Faden über die Nadel und durch die Schlinge auf der Häkelnadel holen. Um eine weitere Masche anzuschlagen, den Faden hinter der Stricknadel wie für Schritt 1 platzieren und ab * wdh (Abb. 12 und 13).
   Hinweis: Wenn es Ihnen schwerfällt, die ersten paar Maschen anzuschlagen, können Sie auch einige Luftmaschen häkeln, bevor Sie Maschen auf der Nadel anschlagen.

2. Wenn die letzte Masche angeschlagen ist, häkeln Sie 2 oder 3 Luftmaschen, ohne den Faden um die Stricknadel zu legen, und schneiden den Faden ca. 25 cm von der letzten Masche entfernt ab. Führen Sie das Fadenende durch die letzte Schlinge auf der Häkelnadel und ziehen Sie es locker an – gerade so stark, dass das Fadenende gesichert ist. Sobald der Hilfsfaden entfernt werden soll, ziehen Sie das Fadenende aus der letzten Schlinge und trennen die Luftmaschen mit sanftem Zug auf. Dann übertragen Sie die offenen Maschen auf eine Stricknadel, auf einen Maschenraffer oder auf einen Hilfsfaden.

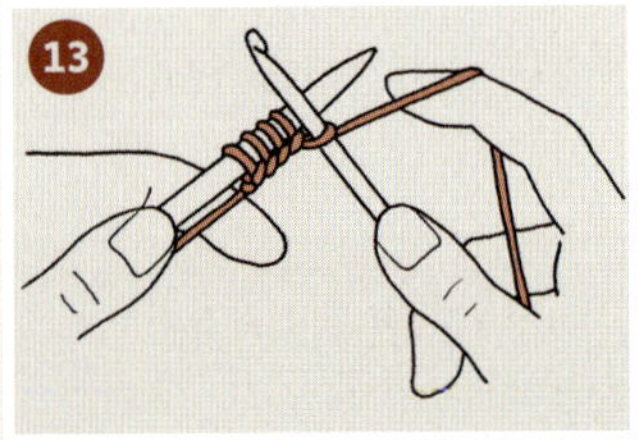

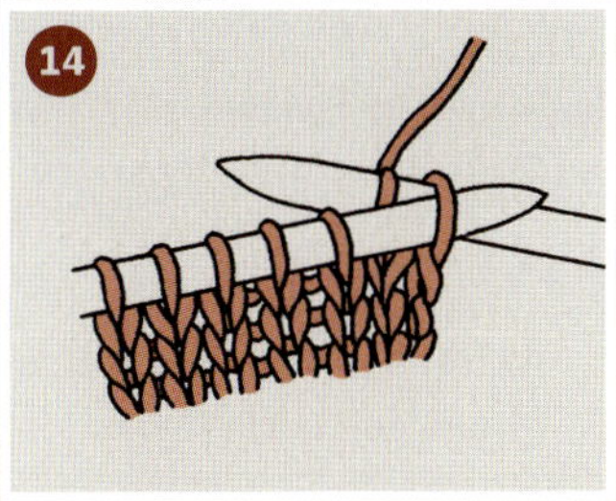

Maschen abketten

Abketten mit zwei Nadeln

Diese Technik des Abkettens finden Sie in vielen Strickbüchern – allerdings ohne den hier beschriebenen Beginn und Abschluss. Die folgende Anleitung verhindert, dass sich am Beginn und am Ende der Abkettreihe „Hasenohren" bilden.

1. Die abzukettenden Maschen liegen auf der linken Nadel. Die 1. Masche wie zum Rechtsstricken auf die leere rechte Nadel abheben. Die nächste Masche rechts stricken. Die abgehobene über die gestrickte Masche und von der rechten Nadel ziehen (Abb. 14).

2. Die nächste Masche rechts stricken und die 1. Masche auf der rechten Nadel über diese neue Masche und von der Nadel ziehen. Auf diese Weise fortfahren, bis sowohl auf der rechten als auch auf der linken Nadel nur noch 1 Masche übrig ist.

3. Die letzte Masche auf der linken Nadel wie zum Rechtsstricken auf die rechte Nadel abheben. Die 1. Masche auf der rechten Nadel über die abgehobene Masche und von der Nadel ziehen, dabei den Arbeitsfaden leicht nach unten ziehen. Den Faden abschneiden (ein längeres Stück zum Zusammennähen hängen lassen) und das Fadenende durch die verbleibende Masche ziehen.

Abketten mit drei Nadeln

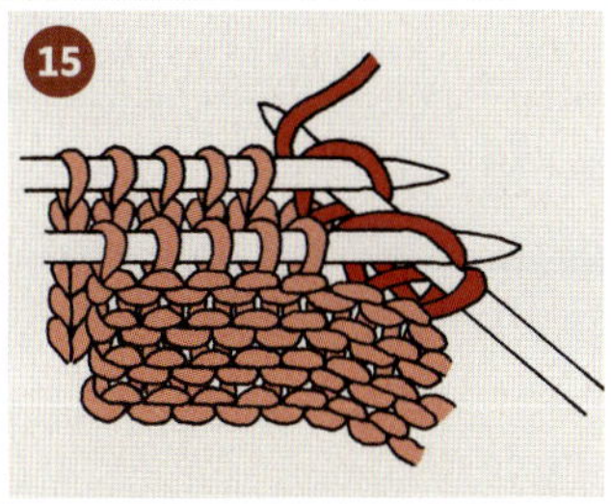

1. Die beiden Reihe offener Maschen, die abgekettet werden sollen, auf separate Nadeln nehmen. Beide Nadeln parallel in der linken Hand halten, sodass die Strickteile rechts auf rechts liegen.

2. Die Spitze einer dritten Nadel durch die ersten Maschen beider Nadeln einstechen und beide Maschen zusammenstricken (Abb. 15).

16

3. Schritt 2 wiederholen. Sie haben nun 2 Maschen auf der rechten Nadel. Mit einer der beiden Nadeln in Ihrer linken Hand wie beim Abketten mit zwei Nadeln die 1. Masche auf der rechten Nadel über die zweite und von der Nadel ziehen (Abb. 14). Den Vorgang wiederholen, bis alle Maschen abgekettet sind.

Variante des Abkettens mit 3 Nadeln

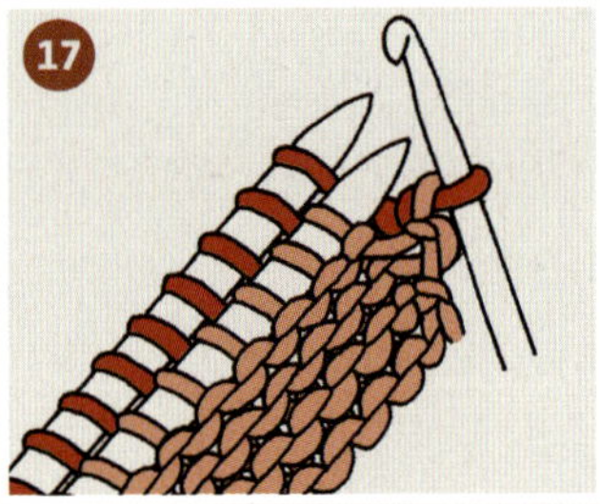
17

Diese Technik ähnelt dem Abketten mit 3 Nadeln, wird aber mit einer Häkelnadel anstelle der 3. Stricknadel ausgeführt. Weil die Maschen einer Stricknadel durch die der anderen gezogen werden, entsteht keine zusätzliche Reihe; deshalb eignet sich die Methode besonders gut für das Abketten von Rippenmustern oder anderen Strukturmustern.

1. Beide Teile rechts auf rechts legen und die Stricknadeln mit den abzukettenden Maschen wie bei Schritt 1 für das Abketten mit 3 Nadeln halten.

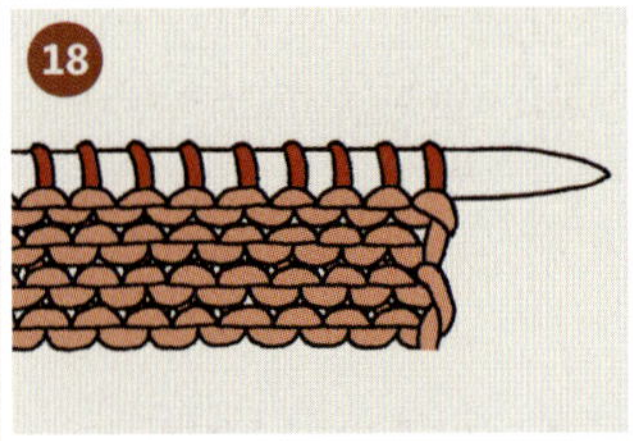
18

2. Die Häkelnadel in die 1. Masche der vorderen Stricknadel einstechen wie zum Rechtsstricken und die Masche von der Stricknadel auf die Häkelnadel abheben. Die Häkelnadel in die 1. Masche auf der hinteren Stricknadel einstechen wie zum Rechtsstricken und auch diese Masche auf die Häkelnadel abheben (Abb. 16).

3. Die Schlinge der hinteren Stricknadel durch die der vorderen Stricknadel ziehen (Abb. 17).

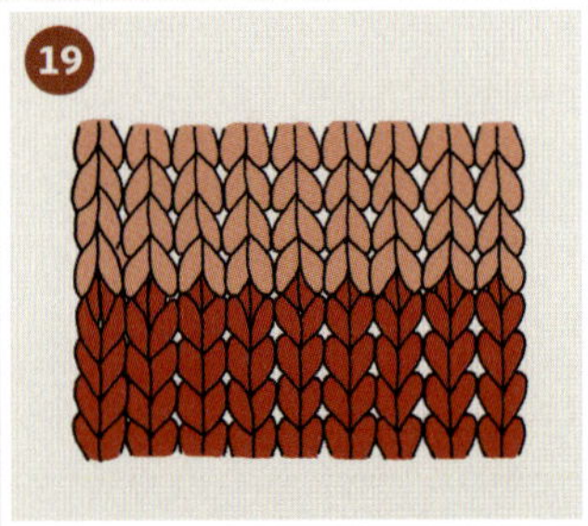
19

4. Schritt 2 und 3 fortlaufend wiederholen, bis alle Maschen von den Stricknadeln abgekettet sind. Wenn die Häkelnadel voll ist, die Maschen vom Ende der Häkelnadel auf eine Stricknadel übertragen (Abb. 18).

5. Nun die verbleibenden Maschen mit 2 Nadeln abketten, wie auf Seite 177 beschrieben.

6. Durch diese Technik entsteht eine Verbindung ohne zusätzlich Reihe zwischen den letzten beiden Strickreihen (Abb. 19).

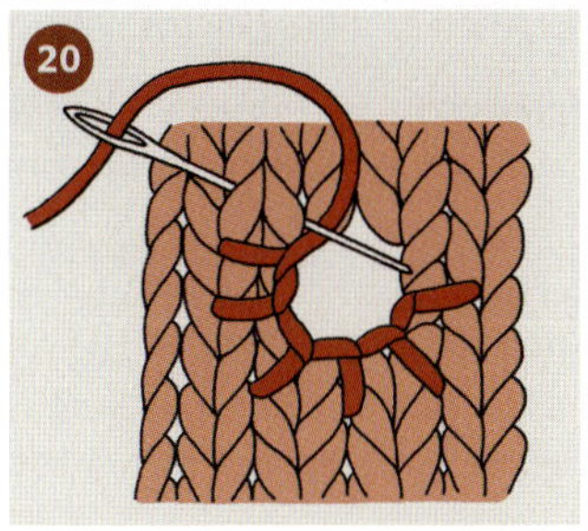

Fertigstellung

Knopflochstich

Durch Knopflochstiche lassen sich Knopflöcher verstärken. Eine eingefädelte Wollnadel in eine Masche neben dem Knopfloch ein- und im Knopfloch ausstechen, dabei den Arbeitsfaden unter die Nadelspitze legen; den Faden durchziehen. Auf diese Weise rund um das Knopfloch weiterarbeiten und stets den Arbeitsfaden unter die Nadelspitze legen (Abb. 20).

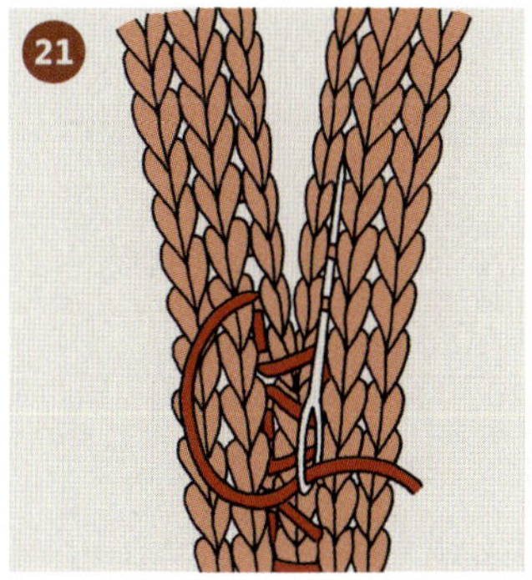

Matratzenstich I

Typisch für diese unsichtbare Naht ist die Nahtzugabe in der Breite einer Masche.

1. Mit einer eingefädelten Wollnadel von unten nach oben arbeiten. Unter zwei Querfäden zwischen der 1. und der 2. Masche am Rand des Strickteils durchstechen, dann unter den entsprechenden beiden Querfäden zwischen der 1. und der 2. Masche der benachbarten Strickkante durchstechen.

2. Auf diese Wiese weiternähen und den Faden in Nahtrichtung so anziehen, dass eine unsichtbare Verbindung entsteht. Ziehen Sie den Faden nicht zu fest an, damit die Naht keine Wellen schlägt (Abb. 21).

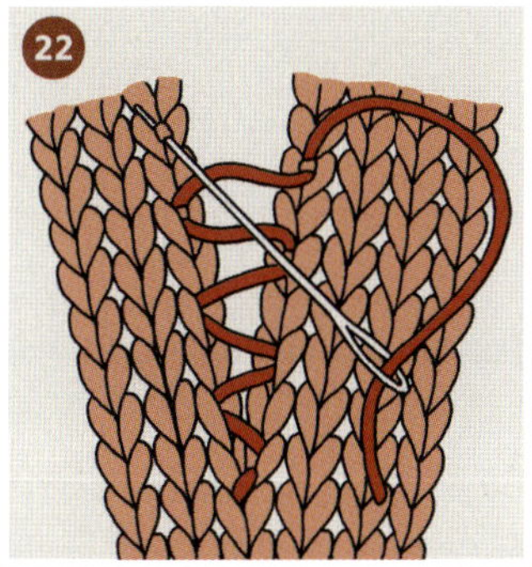

Matratzenstich II

Bei dieser Methode ist die Nahtzugabe nur eine halbe Masche breit. Wie unter Matratzenstich I beschrieben nähen, jedoch jeweils nur einen Querfaden aus der Mitte jeder Masche aufnehmen, dazu die Wollnadel genau unter der Spitze de „V“ einstechen (Abb. 22).

Stricktechniken (Fortsetzung)

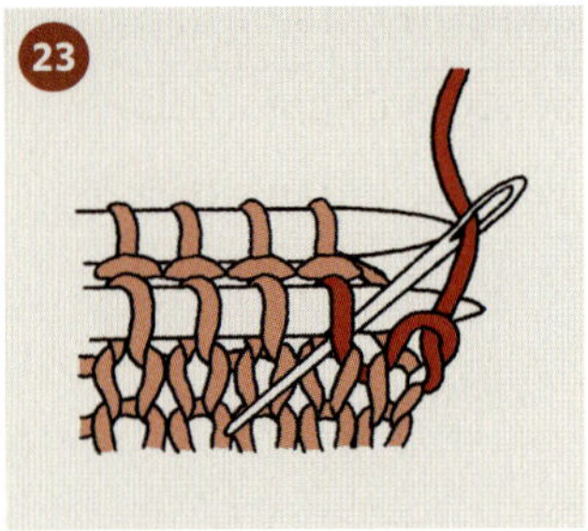

Maschenstich

Mit Maschenstichen lassen sich 2 Teile mit offenen Maschen unsichtbar verbinden. Oft schließt man die Spitzen von Socken auf diese Weise, aber auch Schultermaschen oder zwei Hälften eines Schals können so verbunden werden.

1. Beide Reihen offener Maschen, die verbunden werden sollen, auf separate Stricknadeln nehmen. Die Stricknadeln parallel in der linken Hand halten, sodass die Strickteile rechts auf rechts liegen.

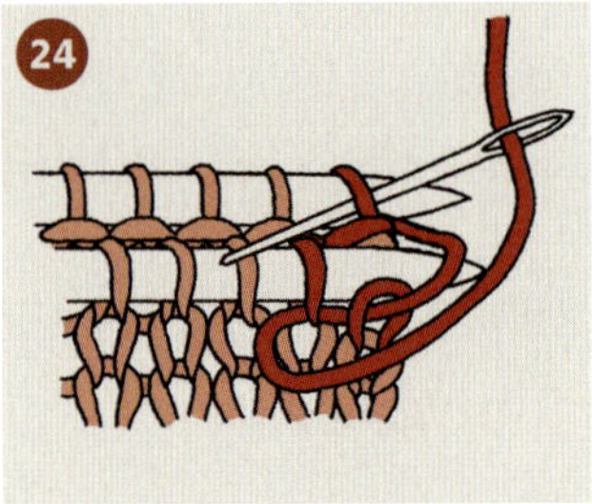

2. Eine eingefädelte Wollnadel wie zum Linksstricken in die 1. Masche der vorderen Stricknadel einstechen, aber die Masche auf der Nadel lassen. Die Wollnadel wie zum Rechtsstricken in die 1. Masche der hinteren Stricknadel einstechen und auch diese Masche auf der Nadel lassen.

3. Die Wollnadel wie zum Rechtsstricken in die 1. Masche der vorderen Stricknadel einstechen und die Masche von der Nadel heben. Dann die Wollnadel wie zum Linksstricken in die nächste Masche der vorderen Stricknadel einstechen, die Masche aber auf der Nadel lassen (Abb. 23).

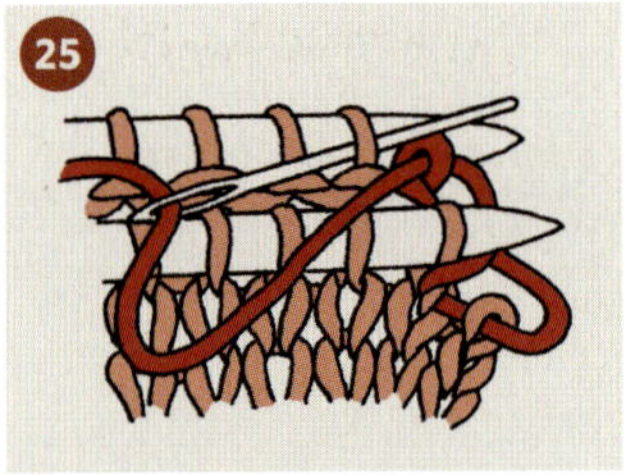

4. Die Wollnadel wie zum Linksstricken in die 1. Masche der hinteren Stricknadel einstechen und die Masche von der Nadel heben (Abb. 24).

5. Die Wollnadel wie zum Rechtsstricken in die nächste Masche der hinteren Stricknadel einstechen, die Masche aber auf der Nadel lassen (Abb. 25).

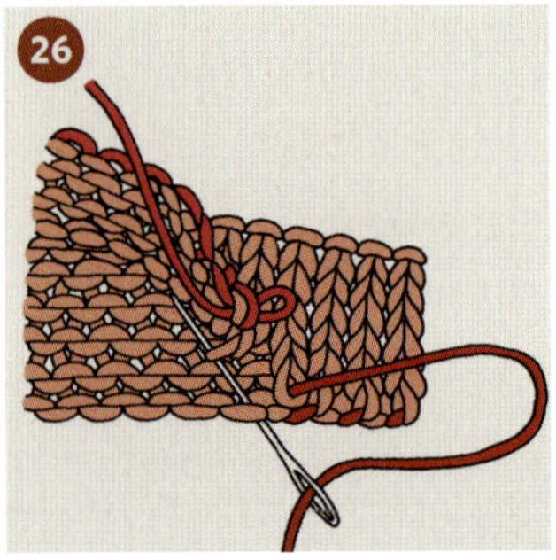

6. Die Schritte 2, 3 und 4 fortlaufend wiederholen, bis alle Maschen verbunden sind.

Offene Maschen auf der Innenseite eines Kleidungsstücks annähen

1. Den Saum so umschlagen, dass die offenen Maschen auf der Innenseite liegen, und entscheiden, an welche Strickreihe sie angenäht werden sollen.

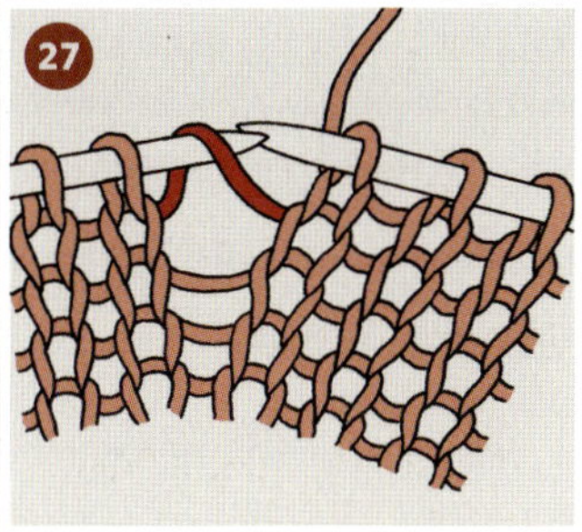

2. Eine eingefädelte Wollnadel in die 1. Masche der Strickreihe und dann in die 1. offene Masche des Saumes einstechen. Die Wollnadel in die nächste Masche derselben Strickreihe und in die nächste offene Masche einstechen (Abb. 26). Auf diese Weise Masche für Masche fortfahren, bis der Saum vollendet ist.

3. Wenn Sie Probleme haben, die Strickreihe zum Annähen beizubehalten, können Sie die Reihe markieren, indem Sie einen glatten Faden durch die Maschenreihe darunter einziehen.

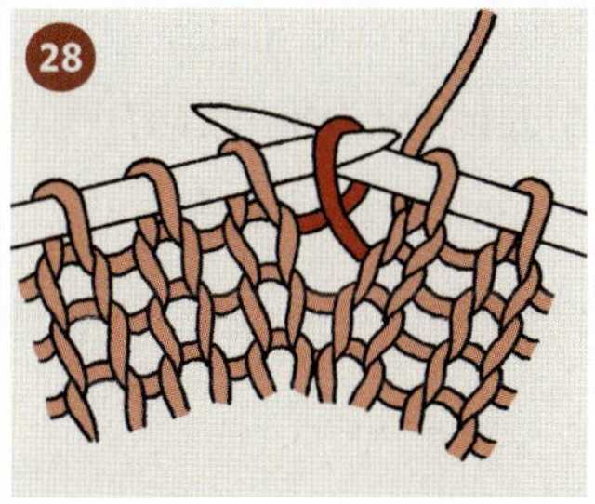

Maschen zunehmen

1 Masche aus dem Querfaden zunehmen (1 M zun)

1. Im Muster bis zu der Stelle stricken, an der zugenommen werden soll. Die Spitze der rechten Nadel von hinten nach vorne unter dem Querfaden zwischen den beiden Nadeln einstechen und ihn auf die linke Nadel heben (Abb. 27).

2. Den Querfaden rechts verschränkt abstricken, damit kein Loch entsteht (Abb. 28).

1 linke Masche aus dem Querfaden zunehmen (1 li M zun)

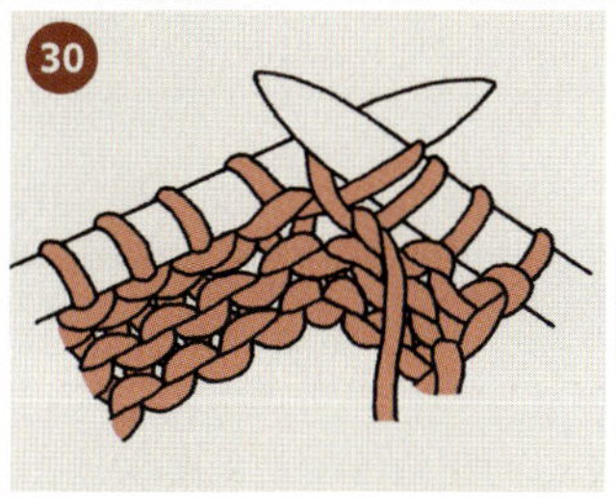

1. Im Muster bis zu der Stelle stricken, an der zugenommen werden soll. Die Spitze der rechten Nadel von hinten nach vorne unter dem Querfaden zwischen den beiden Nadeln einstechen und ihn auf die linke Nadel heben (Abb. 29).

2. Den Querfaden links verschränkt abstricken, damit kein Loch entsteht (Abb. 30).

Stricktechniken (Fortsetzung)

Die Maschen abstricken, wie sie erscheinen

Diese Kurzanweisung wird oft für die Rückreihen von Strukturmustern verwendet. Sie bedeutet ganz einfach, dass die Maschen so abgestrickt werden sollen, wie sie auf den Nadeln zu sehen sind. Eine Masche, die in der Hinreihe rechts gestrickt worden ist, erscheint in der Rückreihe als linke Masche und wird demzufolge links gestrickt. Umgekehrt werden Maschen, die in der Hinreihe links gestrickt wurden, in der Rückreihe rechts gestrickt.

Abkürzungen

abh	abheben
abk	abketten
Abn	Abnahme
abn	abnehmen
abstr	abstricken
anschl	anschlagen
arb	arbeiten
Fb	Farbe
Fh	Faden hinter die Nadel legen
fortlfd	fortlaufend
Fv	Faden vor die Nadel legen
gestr	gestrickt
Hilfs-Nd	Hilfsnadel
Hin-R	Hinreihe(n)
li verschr	links verschränkt
li	linke/links
M	Masche(n)
MR	Markierungsring(e)
M-Zahl	Maschenzahl
Nd	Nadel(n)
R	Reihe(n)
Rand-M	Randmasche(n)
R-Beginn	Reihenbeginn
Rd	Runde(n)
Rd-Beginn	Rundenbeginn
Rd-Ende	Rundenende
re verschr	rechts verschränkt
re	rechte/rechts
R-Ende	Reihenende
Rück-R	Rückreihe(n)
str	stricken
U	Umschlag/Umschläge
übz zus-str	überzogen zusammenstricken
verschr	verschränkt
wdh	wiederholen
weiterarb	weiterarbeiten
weiterstr	weiterstricken
ww	wickeln und wenden (Faden vor die Arbeit legen, die nächste M wie zum Linksstricken abh, Faden nach hinten legen und die abgehobene M wieder auf die linke Nd legen)
Zopf-Nd	Zopfnadel
Zun	Zunahme
zun	zunehmen
zus-str	zusammenstricken

1 li M lvkr =	1 linke Masche nach links verkreuzen: Die 1. M übergehen, mit der rechten Nd hinter der Arbeit die 2. M li verschr str und auf der linken Nd lassen, die 1. M re str, beide M von der Nd gleiten lassen
1 li M rvkr =	1 linke Masche nach rechts verkreuzen: Die 1. M übergehen, mit der rechten Nd vor der Arbeit die 2. M re str und auf der linken Nd lassen, die 1. M li str, beide M von der Nd gleiten lassen
1 li M zun =	1 linke Masche aus dem Querfaden zunehmen (siehe Seite 181)
1 li Mvh =	aus 1 Masche 2 linke Maschen herausstricken (je 1 x unter dem vorderen und hinteren Maschenglied einstechen, um 1 Masche zuzunehmen)
1 M lvkr =	1 Masche nach links verkreuzen: Die 1. M übergehen, mit der rechten Nd hinter der Arbeit die 2. M re str und auf der linken Nd lassen, die 1. M re str, beide M von der Nd gleiten lassen
1 M re-li-re =	1 Masche rechts-links-rechts abstricken (= aus 1 Masche 3 Maschen herausstricken)
1 M rvkr =	1 Masche nach rechts verkreuzen: Die 1. M übergehen, mit der rechten Nd vor der Arbeit die 2. M re str und auf der linken Nd lassen, die 1. M re str, beide M von der Nd gleiten lassen
1 M zun =	1 Masche aus dem Querfaden zunehmen (siehe Seite 181)
1 re M lvkr =	1 rechte Masche nach links verkreuzen: Die 1. M übergehen, mit der rechten Nd hinter der Arbeit die 2. M re str und auf der linken Nd lassen, die 1. M re str, beide M von der Nd gleiten lassen
1 re M rvkr =	1 rechte Masche nach rechts verkreuzen: Die 1. M übergehen, mit der rechten Nd vor der Arbeit die 2. M re str und auf der linken Nd lassen, die 1. M re str, beide M von der Nd gleiten lassen
1 re Mvh =	aus 1 Masche 2 rechte Maschen herausstricken (je 1 x unter dem vorderen und hinteren Maschenglied einstechen, um 1 Masche zuzunehmen)

Dank der Autorin

Das Stricken von Kleidungsstücken und das Schreiben des Manuskripts sind nur ein Teil der Arbeit an diesem Werk, denn um ein Buch zu veröffentlichen, braucht man ein ganzes Dorf. Mein Dank gilt deshalb meinen Lektorinnen Gwen Steege und Deborah Balmuth, die erkannt haben, was in meiner Idee steckt, sowie an die Verlegerin Pam Art, die ihnen geglaubt und auf mich gesetzt hat. Der Artdirector Kent Lew hatte von Anfang an eine Vision, wie das Ganze aussehen könnte, und die Grafikerin Mary Velgos hat diese Vision in Seiten umgesetzt. Ich danke auch der Redakteurin Lory Gayle für das Überprüfen der Anleitungen sowie an Ilona Sherratt und Alison Kolesar, die Texte in Grafiken übertragen haben. Danke auch an Elaine Cissi, die alle Einzelteile zusammengefügt hat.

Besonderen Dank schulde ich meiner Freundin und Strick-Mentorin Dorothy T. Ratigan. Sie versteht mehr vom Stricken als irgendjemand anderer, den ich kenne, und doch hat sie mich die ganze Zeit über in dem Glauben gelassen, ich verstünde auch eine Menge davon. Und über ihren Rat hinaus hat Dorothy auch noch die Strickjacke mit Aranmustern entworfen.